自分らしい最期を叶える本

おひとりさまの終活

お困りごとは死後事務委任で解決

終活カウンセラー協会
認定終活講師
神田紀久男

現代書林

はじめに

今、あなたが「ご臨終です」と宣告を受けたとします。その瞬間から、亡くなった後に必要な手続きが始まります。そうした手続きのことを「死後事務」といいます。

死後事務は葬儀の準備から始まります。家族や親族であれ、誰に託すのであれ、ほとんどの人は初体験のことになるでしょう。

葬儀の手配をする方は、大切なあなたを亡くしたばかりというのに、悲しんでいる暇もなく、次から次へといろんなことを決めていかなくてはなりません。

葬儀が無事に済んだとしても、次は、国民年金等の届け、保険の解約、さまざまな解約手続き等を行うことになります。息つく暇なくやってきます。

ある程度は片付いたかと思えば、納骨・相続などと続いていくのです。

「死んだら終わり」

たしかに、命の時計は、亡くなった時点で止まってしまいます。

けれど、生きてきた足跡を消すことや、誰かにあなたの財産などを引き継いでいく時間は、まだ続いているのです。あなたの足跡の時計は止まらずに、動き続けています。

そして、その時計を止めることは、自分ではできない。誰かに代わりに止めてもらわなければなりません。

日本社会が、核家族化・少子高齢化する中で、単身世帯が増えています。

子どもと同居していないことで、「自分は、ひとり」と感じる人も多いと聞きます。

「おひとりさま」という言葉も世間に認知されるようになってきました。

おひとりさまは「誰かに迷惑をかけたくない」と思っています。

元気なときは、ひとり暮らしは自由な生活ですが、ふと、「今、自分が倒れたら、誰が面倒をみてくれるのだろう」と不安を感じている方がほとんどです。

2019年に「2000万円問題」といった老後生活にかかわるお金の試算を、金融庁がまとめました。

実際に老後に2000万円が必要かどうかは、一人ひとりの生活スタイルが違うので、ここでは詳しくは述べませんが、このレポートで重要なことは、認知症の方の財産管理が問題であるということです。

今や認知症になる人が5人に1人といわれています。自分にも起こり得る病気であることは疑いようもありません。

ひとり暮らしの自由な生活も、認知症になってしまうと一変してしまいます。ましてや、財産管理はどうすればよいのか、という悩みが出てきます。

おひとりさまの将来への不安は、病気になったり、「亡くなった後のこと」を誰かに面倒をみてもらわなくてはならないと気づいたときから始まります。

できれば誰にも迷惑をかけず、自由なライフスタイルを維持したい。でも、亡くなった後は誰かの面倒になるしかない。

そうなのであれば、誰かの面倒や迷惑になることを極力なくしていくために、今から準備することが必要となってきます。

私の知人の話を紹介します。

知人は、ひとり暮らしの父親との仲が悪かったそうです。生前は、ほとんど話をすることもありませんでしたが、ある日突然、訃報が届きました。

長男であった知人は、喪主を務めることになりましたが、父親のことはまったくわかりません。

実家に戻り、父親の部屋の中を探すと、自分の死後のことをまとめたノートを見つけました。

自分が死んだことを伝えて欲しい人物のリスト、貯金や株式などの資産の記録、希望する葬儀など。

知人は父親が書き留めたことをそのまま実行したそうです。

葬儀が終わったときには、仲たがいしていたこともあり、「面倒かけやがって」と感じたそうですが、相続までの手続きを終えたときに、父親のことを「きちんとした人だったんだなあ」と思えたそうです。

おひとりさまは亡くなった後に、周りからこんな風に懐かしんでもらえるのが理想なのではないでしょうか。

わたしは終活カウンセラー協会認定終活講師として、これまで200人の終活をサポートしてきました。

本書は、「ひとり暮らしの方」や「近い将来にひとり暮らしになる可能性が高い方」を「おひとりさま」として、自分らしい最期を迎えるためのヒントをまとめました。

とくに、亡くなった後の手続きを信頼の置ける人に依頼できる「死後事務委任」について詳しく紹介しています。なぜなら、多くの方の終活相談をしてきましたが、おひとりさまの終活としては、死後事務委任の活用が最善な方法ではないかと考えるからです。

そしてこの本では、そのほかの終活の手続きや制度の紹介だけでなく、周囲の人に「最期までしっかりと自分のことを考えていた人」だと思ってもらえるために、何が必要なのかをお伝えしていきたいです。

147ページ（第7章）には、私がサポートをして終活を成功させた方の実例を5つ載せています。最初にこのページからご覧になることで、終活の進め方のポイントを理解していただけるかもしれません。

それでは最後までお読みいただけると幸いです。

2021年5月

終活カウンセラー協会認定終活講師　神田紀久男

はじめに —— 3

第1章

お葬式で迷惑をかけてしまうこと

お葬式で準備しておかないと困ることはたくさんある —— 16
安置場所を決めておかないと困ったことになる —— 17
お葬式のスタイルを決めておかないと困ったことになる —— 19
参列者の人数を決めておかないと困ったことになる —— 24
遺影を決めておかないと困ったことになる —— 28
棺を決めておかないと困ったことになる —— 30
お葬式の予算を考えておかないと困ったことになる —— 33
亡くなったことを知らせたくない家族がいると困ったことになる —— 38

第2章 お墓で迷惑をかけてしまう

お墓の面倒をみてくれる人がいますか？——42
墓じまいと改葬の手順を知っておこう——44
納骨堂・樹木葬・永代供養墓とは？——47
お寺とのトラブルには要注意——52
「墓じまい」で大切なことは？——54
仏壇はどうする？——56

第3章 家の後片付けで迷惑をかけてしまう

終活の第一歩は、家の片付けから——60
片付けは、スマホやパソコンの中から始めよう——62
自分が死んだ後のペットの面倒は？——65

家の中を片付けておかないと、周りの人に迷惑をかける —— 67
お葬式に使う写真がないと、周りの人に迷惑をかける —— 69
「モノに託したメッセージ」がお勧め —— 72

第4章 急病や介護で迷惑をかけてしまう

おひとりさまが最初に気づく困りごとは「もし介護が必要になったら……」 —— 76
介護が必要になったときに頼れる人がいない —— 78
元気なうちに施設に移りたいけど、保証人になってくれる人がいない —— 82
余命宣告をされたらどうする？ —— 84

第5章 認知症で迷惑をかけてしまう

認知症は深刻なお困りごと —— 88

最近、物忘れが多くなってきていませんか？——92
認知症になると金銭管理や身の回りのことが自分でできなくなる——94
認知症になってからでは遅い相続手続き——100

第6章 老後のお金で迷惑をかけてしまう

自分が亡くなるまでに、資産が無くなってしまうかもしれない——104
「老後にほんとうに必要なお金はどれだけか」を考える——106
亡くなった夫が取引していた株のことをまったく知らなかった奥様——108
「たいした資産がないから、相続をどうするか決めていない」はＮＧ——111
老後の生活資金が不安な方こそ、制度活用と不動産活用を！——117
加入している保険は確認を忘れず、定期的な見直しを！——121
保険の種類を知って、老後の安心を——124
年金と保険という視点で、老後の資金を考えよう——126
老後資金を投資でつくる!?——132

第7章 死後事務委任で、迷惑をかけないおひとりさまになろう

「自分らしい最期」は死後事務委任で解決 —— 136
死後事務委任契約は誰に頼めばいいの？ —— 138
死後事務委任契約でできること —— 141
契約は、どうやって進めていくの？ —— 145
事例①誰に頼るか、3年間も決められなかった80歳の男性 —— 147
事例②数十年間、音信不通だった父親の死後事務を引く受けた40歳の女性 —— 151
事例③財産を寄付し、終活を見事にやりきった、天涯孤独の58歳男性 —— 154
事例④自分の葬儀は、自分で決めておきたい70代の男性 —— 156
事例⑤夫に先立たれて、子どもと疎遠な72歳の女性 —— 158
自分にはできない死後の始末 —— 161
死後事務委任では資産の開示は必要⁉ —— 163

第8章 遺言書、信託など、おひとりさまの味方になってくれる仕組みを知ろう

死後事務委任契約だけでは解消されない、さまざまな困りごと ―― 168
身元保証サービスを知ろう ―― 171
遺言書を知ろう ―― 173
成年後見制度を知ろう ―― 176
家族信託を知ろう ―― 178
・家族信託とは「家族」に「信じて託す」制度 ―― 178
・そもそも「信託」とは？ ―― 179
・信託の登場人物は、委託者・受託者・受益者 ―― 180
・信託の2つの種類「商事信託」と「民事信託」 ―― 181
・家族信託でどんなことができるのか？ ―― 182
・家族信託は「もしものとき」に役に立つ仕組み ―― 183

おわりに ―― 185

第1章

お葬式で迷惑をかけてしまうこと

お葬式で準備しておかないと困ることはたくさんある

現在、8割以上の人は自宅以外の場所で亡くなっています。そしてそのほとんどが病院であることは想像がつくと思います。

病院で亡くなると、短時間で遺体を別の場所に移動させるように促されます。お葬式の準備は、ここから始まります。

「はじめに」でお葬式は次から次に決断を迫られると述べました。これは葬儀は行わないで、遺体処理だけを希望していたとしても、あまり変わりはありません。

どんなことを事前に決めておかないと、困ったことになるのかを列挙します。

安置場所を決めておかないと困ったことになる

先ほど大半の人は病院で亡くなると、話をしました。最後に亡くなる場所はどこが相応しいかというアンケート調査を行うと、「自宅がいい」という回答が多いのですが、現実は違います。

死亡宣告を受けて（死亡診断書に記載される死亡日時）から24時間経過しないと火葬ができないというお約束事がある以上、**お葬式をしようとしまいと、火葬ができる時間になるまでは、どこかに安置をしておかねばなりません。**

「自宅で亡くなりたい」という希望があるのですから、「自宅に帰る」という選択が、一番良いのかなと思います。

しかしながら、現代社会の住まい設計は、それを叶わないものとしていることが多いのです。

例えば、廊下の幅がひとり通るのがやっと。その廊下に面する入口が90度曲がっていると、長尺物を入れることができないような構造はよく見受けられます。遺体は、長尺物そのものです。数人がかりで遺体を運べば何とかなる可能性はあっても、「おひとりさま」のご自宅には、家に迎える準備をしてくれる人は存在しません。

後を託した人でさえ、あなたのご自宅でどう過ごすのか、戸惑われることは予想できるでしょう。ましてや葬儀社の担当者はなおさらです。

どこに安置するのかをあなたが決めておかないと、亡くなった瞬間から、周りの人を困らすことになってしまいます。

自宅が困難なのであれば、葬儀社の斎場などが選択肢に入るでしょう。これには費用がかかります。死後事務の費用の中に考えておかねばなりません。

さて、安置場所を決めたら、次から次にやってくるお葬式の手続きについて順を追ってお話ししていきましょう。

お葬式のスタイルを決めておかないと困ったことになる

おひとりさまがご自身のお葬式を考えるスタートは、どんな風に送ってもらいたいのか、です。選択肢は大きくいって2つです。

①遺体処理に徹する。つまり、お葬式は行わないということです。
まず火葬ができるようになるまで、24時間以上待機する安置場所を決め死亡した場所から移動させます。火葬をする日程を決め、火葬して終わり。

その後、遺骨の処理まで決定しておく必要があります。**お骨を供養してもらうつもりなら、収骨となります。供養はいらないと考えるのであれば、火葬場で処分してもらうことにすればよいでしょう。**

②今までかかわってきた周りの人達ともしっかりとお別れをしたいと望むのであれ

ば、お葬式の準備が必要になります。

火葬した後に供養を望むかどうか。遺体処理のときと同様に供養はいらないのであれば、火葬場で処分。供養を望まれるのであれば、供養する場所にお骨を納めることまでの準備が必要となります。

それでは、ここからはお葬式の準備についてお話をしていきます。

あなたの葬儀を頼まれた人は、葬儀の日時を決めることが最初の仕事です。

火葬場も地域によって差はあると思いますが、予約制を取り入れているところが多いでしょう。火葬の予約の時間から、通夜・告別式の日時を決めていきます。

そうすると、葬儀社の担当者の次の質問は、「ご葬儀は、どんな感じで行いますか?」となるはずです。

遺体処理だけをご希望であれば、火葬日時を決定すれば、それで大半は終わります。周囲の人や親族とのお別れを考えるのであれば、葬儀の中身を考えていかねばなりません。

言葉は違うかもしれませんが、要は「どんなスタイルを考えているのか」ということを尋ねられます。

皆さん、家族葬という言葉は聞かれたことがあるでしょう。

また、直葬《ちょくそう》もよく聞きますね。

ただ、一般葬と家族葬の違いなど、よくわかっていないのが実情でしょうし、その定義も非常に曖昧なので、「どんなスタイルをご希望ですか」と尋ねられても困るというのが本音のように思います。

それでは、どうすればよいのか。

その答えは、**式に参加する人の頭数で考えるのが一番です。**

「これぐらいの人数のお葬式を考えているけど、ふさわしいのはどんな感じですか」と葬儀社に尋ねると、選択肢を提案してくれるでしょう。

よくある「いくらぐらいかかりますか」的な質問はやめたほうがよいですね。

葬儀社によって、サービス内容などの価格帯に差はあるにせよ、どこの葬儀社もそれぞれ会社独自の採算性に基づいた商品・サービスで価格が決定しています。

こちらが頭に描いている予算額から考えて葬儀の内容を決めていくと、思ったよりも貧相だったり、豪華すぎたりといったケースも散見されます。

すると、葬儀後に不満が高まりやすくなります。そうした方を大勢、見てきました。一生に一度しかない葬儀ですから、不満を溜め込まないほうがよいに決まっています。

あなたが葬儀を依頼した人が「こうしておけばよかった……」と後悔する姿は見たくないですよね。だからこそ、**元気なうちから葬儀のことを考え、どんなスタイルで見送って欲しいか、決めておくことが大切なのです。**

葬儀の人数を葬儀社に伝えてみてください。見積額が予算をオーバーしていれば、グレードを下げるようにすればよいわけです。

そうすると、意外と事後の不満にはならないものです。

私の友人の話ですが、父親が亡くなって、葬儀社に安置をした。葬儀の打ち合わせをするので、そのときに立ち会って欲しいと依頼がありました。

立ち合いのため、葬儀社と打ち合わせをする予定の時間に行ってみると、見積書は完成していました。

見積額がいい値段だったので、「しっかり豪勢にやるんだね」と知人に伝えると、「ちょっとこっち来て」と部屋の隅に連れていかれ、「(見積額が)高すぎる。安くできないか」と相談されました。

そこで、打ち合わせの席に戻り、私は葬儀社の担当者を前にして、知人に「今の見積もりの内容で使う部屋(ホール)を実際に確認したか」と聞きました。「見ていない」ということでしたので、「それじゃあ、見てみましょう」と見学にいくと、知人は、「広すぎる。こんなに人はこない」と言い始めました。「じゃあ、何人ぐらいよ」と尋ねると、葬儀社の担当者も反応して再度の見積もり。最初の金額の半分以下となりました。

実際にその内容で葬儀を行って、非常に満足感の高い葬儀となったようです。

スタイルは、言葉で決めるものでなく、人数で決めていくものです。

参列者の人数を決めておかないと困ったことになる

先ほどもお話ししましたが、お葬式の打ち合わせで一番困るのが、参列者の人数ですね。

10年ほど前に、全日本葬祭業協同組合連合会（全葬連）という団体が、全国で大規模なアンケート調査を実施し、報告書が作成されました。その中で、**消費者が葬儀についで不満に感じることが一番多かったのは、「見積額と支払額の差が大きい」**ということでした。

先に述べた通り、このような不満が起きる一番の要因は、参列者の人数にあるのだと思います。

葬儀業界としてもこの点においては改善が進み、見積もりの段階やパンフレット・カタログのような書類上でも、「この人数ならば、この額」というような提示方法を行うようになってきています。不満の内容で圧倒的上位というようなことは過去のことになっていることでしょう。

しかしながら、やはり葬儀を依頼する側が、参列人数の読みを間違えると不満にはつながります。

葬儀スタイルのところでも詳しく述べましたので、ある程度理解していただけたと思いますが、葬儀費用は、参列者の人数と正比例の関係にあります。

したがって、人数が多ければ多いほど、葬儀費用もかかると考えてよいでしょう（ただし正確に正比例するわけではありませんので、あしからず）。

人数を事前に検討しておくことはとても重要な要素です。

それではどう考えていくのかです。

まずは区分です。家族・親族とその他に区分して考えましょう。

家族・親族は、ある程度確定できると思います。

ただし、存在は知っているけど、会ったこともない親族もいるし、存在を知らない親族がいるかもしれません。

しっかりと関係を把握するためにも、家系図があると便利です。

その中で、年齢なども考慮して、参列してもらえそうな人、参列は困難そうな人、連絡だけをしておけばよい人などと考えていくとよいと思います。

家族と親族を区分していくことは、おひとりさまが死後事務委任をするときに、死後のことを託す人を探す際にも役に立ちます（死後事務委任については第7章で説明します）。

次に、その他の人です。

一般的に葬儀を行う場合は、およそこのくらいの人数かなあと大雑把に決めていくことになります。どうしても少し多めに考える必要がありますが、ご自身の葬儀のことを考えていくのであれば、連絡リストをつくることをお勧めします。

「自分の死を知らせたい人（知らせておかなければならない人）のリスト」ができれば、人数は絞れます。その中で、連絡先などもリストに記載しておけば、死後の手続きをする人にも便利です。

もう一つ付け加えるならば、このリストの中に、**葬儀の弔問は必要ないと思われる**

人についても記載をしておくとよいと思います。

死後を託す人が、リストを見て連絡を取る場合でも、葬儀後に連絡をすればよいのか、亡くなったらなるべく早く連絡すべき人なのかの区別もつきます。

家族・親族の人数と「死をすぐに知らせておかなければならない人」の合計人数が参列者人数と考えてよいでしょう。

遺影を決めておかないと困ったことになる

葬儀という儀式の中心となる祭壇には、ご本尊を飾ります（仏式の場合）。その次に祭壇の真ん中に置かれるものが遺影です。

実際は、ご本尊より存在感はあると思いますけど。遺影のない祭壇は間が抜けた感じになってしまいます。

儀式としてしまりのあるものにする意味でも、遺影はしっかりと準備をしたほうがよいでしょう。

遺影は、大体過去に撮影していた写真を引き伸ばして作ります。

撮っている写真が少ないのも困りますが、多いのも意外と困るものです。

また写真一つひとつ見ても同じ顔というのは意外と少ないものです。

これを短時間の内に決めなくてはならないと言われても、決められないものです。

「まあ、この写真を」という風に決めておくのがベターです。こういう私も写真映りが非常に悪いので、写真を撮られるのが苦手です。

会社のカタログを作ったときに撮った写真が今一番のお気に入り。これを遺影に使おうと決めています。

ただし、何年か経てば、またやり直しが必要なのだろうと、思います。その頃には白髪がもっと増えているでしょうから……。

とはいえ、**遺体処理だけをお考えならば、遺影などは気にする必要もありません。**供養も行わないわけですから、祭壇も必要ありませんし、そもそもお経を上げてもらう必要もないでしょう。

棺を決めておかないと困ったことになる

最近は、棺メーカーの商品ラインナップを見ているとほんとうに種類が増えたとビックリします。こんなにたくさん種類があったら、選べないだろうと思います。

ただ、葬儀社同士の競争が激しい地域などは、他社との差別化を図るため、隣の葬儀社では取り扱いのない棺がある場合があります。そんなに種類が必要なのかなあと思います。

実際に、葬儀社が取り揃えている棺は3～5種類ぐらいが妥当なところです。たくさん種類をもって、あまりに人気のない棺の在庫を抱えるのは、経営効率から考えると採算性を損ねてしまうのではと、余計な心配をしてしまうくらいです。

私が親の葬儀を行う際に、棺を選べと言われても、どれがよいのかは選べないように思います。

木棺や布棺、彫刻入り棺など、最近はエコを重視して紙製の棺なんかも出ています。棺でエコと言われても、「どうせ焼くんでしょう」と、どうエコなのかよくわかりません。

事前に決まっていないのならば、葬儀の見積もりをしてもらって、総額が予算より下回るならば、ちょっとグレードのよいものを選ぶ。そのような選び方しかできません。

しかし、例えば、「祖母が亡くなった、ピンク色が好きだったから、ピンク色の布棺」なんていうのはありだと思います。

あなたがご自身の葬儀のときは、**「この棺にして欲しい」という風に伝えておいたほうが、後に残された人は選びやすく、親切でしょう。**

棺は火葬したら、影も形もなくなります。そこだけは考えておいたほうがよいでしょう。おひとりさまの場合は、こだわりがなければ一番安いもので選択しておけばよいのではないでしょうか。

私が思う棺にまつわる重要なことは、副葬品です。棺に一緒に入れて欲しいモノがあるのであれば、しっかりと伝えておいたほうがよいでしょう。

副葬品は、送る側の気持ちで棺に入れるものなので、「何でもよいよ」と思うかもしれません。

でも、例えば、残しておきたくない品物とかですね。そんなものは一緒に火葬したほうがよいかもしれませんね。

例えばですが、私の場合、昔の彼女からの手紙。今も捨てられずに保管していますけど、私が死んだ後には、家族・親族に読んでもらいたくはない。そんなものは一緒に火葬してもらったほうがよいのだろうと思います。

見てもらいたくないモノを棺に入れてと頼んだ瞬間に、見られてしまうのではないかと心配になるかもしれませんね。例えばですけど、厳重に封をして、これを棺に入れて欲しいと頼むのがよいかもしれません。

お葬式の予算を考えておかないと困ったことになる

ここまでは、おひとりさまが自分の葬儀を考えるにあたり、単に遺体処理なのか、供養を行うのか、念頭に入れているのかによって、違いがあることをお話ししてきました。

供養を念頭に入れている内容は、あなたが家族や親しい人の葬儀を執り行うときにも同様に参考になるはずです。

この項目では、予算の考え方についてお話しします。

終活カウンセラーをしていると、「お葬式の料金は大体いくらぐらいが妥当なのか」と相談をされることがあります。

ときどき「普通はいくらかかるものなのか」とも質問されます。

この「普通」というのがとても曲者でして、あなたの考える普通とわたしの考える普通は違うものなので、一概には答えられないものなんです。

例えば、事前相談に行ったとして、2社の葬儀社を比較したとします。

A社の一葬儀施工当たり、平均葬儀代金は200万円だとすれば、この担当者は普通を聞かれると、「200万円です」と返答するでしょう。

B社では平均葬儀代金は100万円かもしれません。

それをもって「B社のほうが安い」という結論を出しても仕方がないことです。葬儀の規模が違えば、平均葬儀代金が違うのは当たり前です。

近隣の評判で、「あそこの葬儀社は高い」とか「こっちは安いとか」いうのも当てにはなりません。

大切なことは、どんな葬式で、どんな人に弔いをしてもらいたいか。それは大体どのくらいの人数で考えているのか。それを伝えたうえで、いくらかかりそうなのかを見積もりしてもらうことが必要です。

お近くの葬儀社から数社、候補を見つけて、見積もりをもらってみてください。

また、家族葬が一般葬よりも安いというのは、参列者数が少ないから当たり前なのですが、葬儀社は営利目的事業者ですから、家族葬のニーズが増えている昨今、家族葬向けの商品・サービス開発を進めています。

したがって、先ほど申し上げた、葬儀代金と人数の正比例の関係が成立しなくなるようなラインナップになりつつあります。

直葬（つまり遺体処理のことです）なども、さまざまな商品開発が進められています。

葬儀代金の低下は葬儀社にとって大きな経営課題ですから、依頼する側としては、どこが一番よいのかを含めて、価格などの表面上だけでなく確認していくことが必要です。

事前相談は、どこの葬儀社でもきちんとやってくれます。そのときに「会員になると割引がある」とか「個人情報の提供」などを求められたら、一度は断ればよいと思います。

納得したうえで、割引を受ける会員になればよいと思います。会員になることが前提のような話をされるのであれば、そんな葬儀社は相手にしなければよいだけです。

また、実際に見積もりをしてもらい、額などの納得感が得られたとしましょう。話をしてみた感じも大事です。話がスムーズにいったなと感じる葬儀社に施工をお願いするのが一番よいと思います。

また、見積もりをしてもらって、自分の想像や財産の状況からして上限を超えていると感じれば、中身や人数を見直して、再度見積もりを依頼しましょう。

後は、その見積額をどのように自分の財産から死後に支出していくかを考えていけばよいのです。

自分で葬儀のことを考えた。**見積額にも納得したし、依頼する葬儀社を決めた。自分の財産から葬儀代金を支払うのだから、事前に払っておきたい、という方もときどきいらっしゃいます。しかし、これぱっかりはやめたほうがよいです。**

なぜならば、あなたが死ぬまで、葬儀社がずっとあなたの所在や状況を把握できるとは限らないからです。

せっかく支払いを済ませているけど、**亡くなったことを知らなければ、葬儀社は何もできません。しっかりとしたルールがあってこそ、見積内容が実現できるのです。そうするためには、死後事務委任契約の締結をお勧めします。**

第7章を参照なさってください。

もし家族の人がいる場合は、おひとりさまとは違い、死後の面倒をみてくれる人が存在しているわけですから、死後事務委任契約を準備しなくとも、自分の意向を伝えていくことだけでもよいかもしれません。

見積書を取り寄せて、この葬儀社で内容はこんな感じということを書面で渡すだけでも、家族の精神的な負担は減らすことができると思います。

また相談者の中で、男性の方に多いのですが、自分は妻より先に死ぬ（女性のほうが平均寿命は長い）から、妻がひとりになるので、不安。いろいろと決めておいてあげたほうがよいと考えて、死後事務委任契約や生前葬儀契約を結ばれるのです。ここまでしておけば、後は安心と感じられるのでしょうねえ。

亡くなったことを知らせたくない家族がいると困ったことになる

最近よく相談を受けることですが、「葬儀に来てもらいたくない家族・親族がいるけど、連絡しなくてもよいかなあ」というものです。

人と人の付き合いの問題なので、非常に難しいです。私が相談を受けた場合でも、相手の事情を聴きながら、アドバイスをしています。

友人・知人の場合は、「どうしても嫌」だと思えば、付き合いを絶てばよいだけですが、家族・親族は、なかなかそうもいきません。感情的な対立はエスカレートしがちです。

とくに、家族間の揉め事は、葬儀に来るとか、来ないとか、という事柄だけでないはずです。簡単なアドバイスは難しいのが実情です。

葬儀に呼ぶかどうかは、意思表示をすればそれで終わる。でも、その後のことを考えるとそれだけで済むかどうか別問題です。

例えば、来てもらいたくないという相手が、相続に関して何らかの権利を有している場合、借金がある場合、過去に何らかの負い目を感じるような事柄がある場合等は、おいおい揉め事が起こる可能性があるわけです。

また、**子どもがいないおひとりさまの場合は、法定相続人に兄弟姉妹が当たるというケースも多いのではないでしょうか。**

その場合に、「連絡したくない」ということであれば、死後の世話を託す人に迷惑がかかる可能性も高くなりますので、しっかりとした準備が必要になります。

「立つ鳥跡を濁さず」ではないですが、後々になって大きな問題に発展しないのであれば、葬儀に来てもらう必要はないでしょうけど、不安があるのであれば、参列するかどうかは相手の意志次第にして、仁義だけは果たしたほうがよいのではないでしょうか。

それよりもそんな不安があるのであれば、葬儀に呼びたくもない人と話をするのは気がのらないことだとは容易に想像しますが、相手さんとも話をする機会を設けて、わだかまりやトラブル内容を解決したほうがよいと思います。

私の家では、祖父が亡くなったときに相続で揉めました。

その経験からすると、トラブルが起こるきっかけはよく話し合っていないこと。当然のことながら、トラブル後の話し合いも行っていない。それで双方とも相手のことを一方的に思い込みでこうだと決めつけているのです。こうした火種があるのであれば、できるだけ早いうちに解決しておくほうがよいでしょう。

葬儀のことは、おひとりさまが「後は頼んだよ」だけで済ますと、頼まれた人はとても大変なことはご理解いただけたと思います。しっかりと準備を行い、「こんな風に見送って欲しい」と伝える術を準備しておきましょう。

第 2 章

お墓で迷惑をかけてしまう

お墓の面倒をみてくれる人がいますか？

コロナ禍で、「墓参り」に行くことができない方が増えているそうです。

お墓が故郷にあるために移動が困難であるとか、墓守をしている方がご高齢で外出自粛を余儀なくされていることが理由のようです。

そうした中で、**お墓参り代行というサービスができ、利用する人も増えていると聞きます。**

しかしながら、「ご先祖さまの供養」を見ず知らずの人に、いくら心を込めてお参りしてもらったとしても、お墓の清掃などは形式的な行為としか思えない人もいるのではないでしょうか。

「終活」という言葉は、平成の時代に週刊誌が「墓じまい」を記事に取り上げた際に、最初に使ったワードだといわれています。

家族の形態が大家族から核家族化し、その中で、徐々に葬儀や供養に対しての考え方も変化してきたことが、「墓じまい」につながっているのだと思います。

故郷を離れた子どもたちが代替わりに伴い、遠方から「墓守」をするということは、そのための時間や旅費などを考えると、その行為を継続していくことはなかなか困難です。供養に対する意識の変化を考えると、費用対効果が薄いと感じるようになってきているのだろうと思います。

また、故郷にあるお墓を「墓じまい」して、住まいの近くに「改葬」する場合でも、墓じまいのための手間と費用をかけたのちに、新たに墓地を購入するとなると、その出費は大きくかかります。

お墓に関することは、終活の中でも取り組まれることの多い課題です。

家族や周りの人に迷惑をかけたくないと考える方々は、自分の代で解決をしておかねばならないことだと、大いに悩んでいらっしゃいます。

墓じまいと改葬の手順を知っておこう

もしあなたの代わりに、お墓の世話をする人がいないのであれば、「墓じまい」や他の方に世話をしてもらうための改葬を考える必要があります。

墓じまい・改葬を行うためには、今ある墓の自治体に改葬許可を得て、墓地管理者の承諾が必要です。自分の家の墓だからといって、勝手に墓を開け、遺骨を持ち出すことはできません。

したがって、まずは新たな墓地を決め、今ある墓の自治体から改葬許可を交付してもらい、墓地の管理者に「改葬許可申請書」を提出する許可をもらう必要があります。

お墓には、運営主体によって違いがあるということを知っておくことも必要です。手順については図（46ページ）をご覧ください。

こんな手順を踏むには、かなりの労力と財力が必要になります。

◉お墓の種類◉

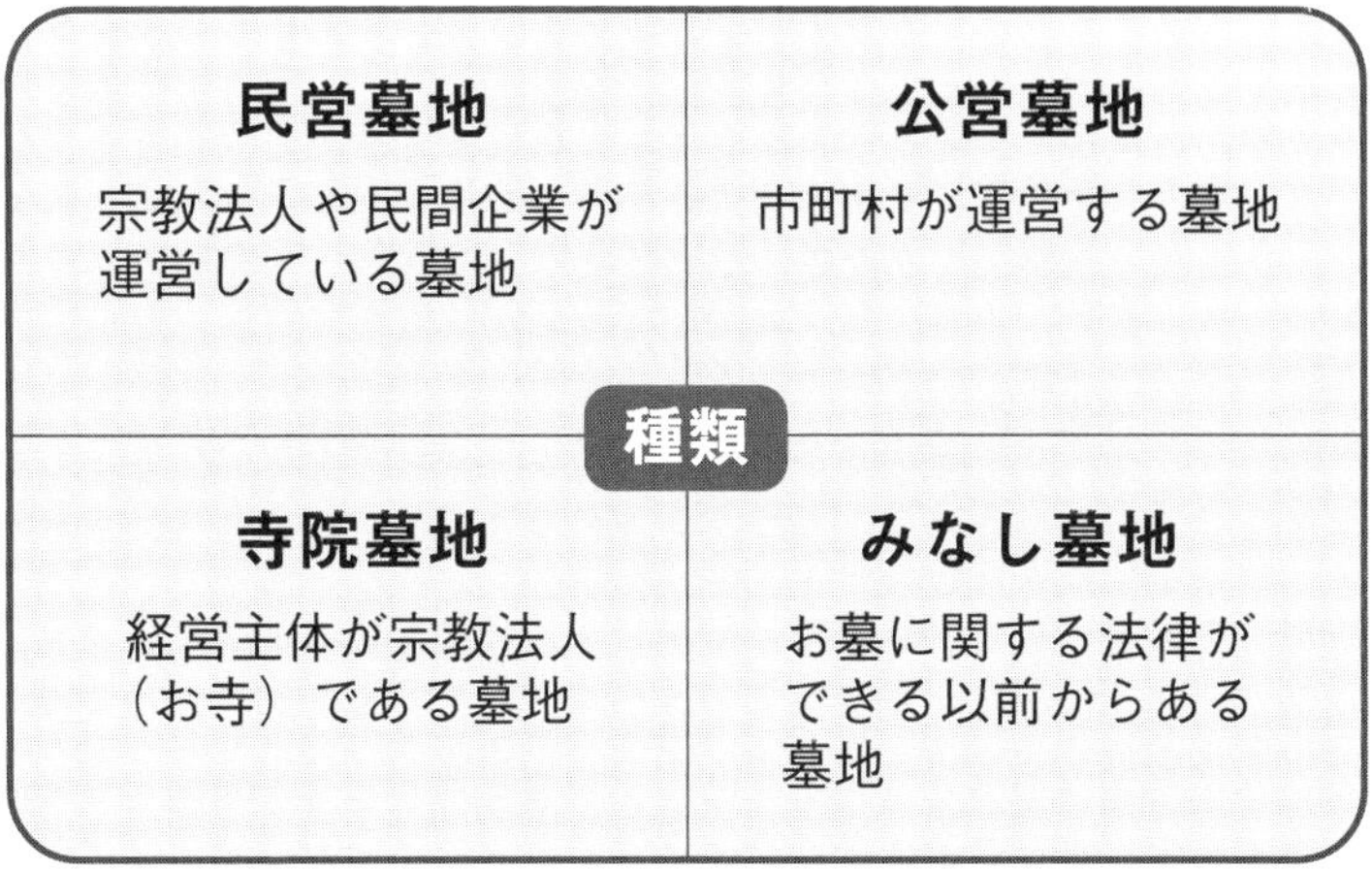

民営墓地	公営墓地
宗教法人や民間企業が運営している墓地	市町村が運営する墓地

寺院墓地	みなし墓地
経営主体が宗教法人（お寺）である墓地	お墓に関する法律ができる以前からある墓地

出典：「終活カウンセラー協会テキスト」

墓守をしている人が高齢になればなるほど、体力的につらい作業となりますので、面倒だからと放置してしまうことにつながっているように思います。

ときどき墓地の中に荒れ放題となっているお墓が散見されます。墓地は自分だけの墓があるわけではありません。荒れ放題の墓が一つあるだけ、墓地としての景観が損なわれてしまうことになってしまいます。

他の方に迷惑をかけないという意味においても、早いうちに手を打っておくことは必要でしょう。

墓じまい

☑家の墓がある
☑将来、管理する人がいますか？
☑将来、家の墓を維持しますか？
☑管理する人がいて、墓を維持する場合は、何もしなくてよい
☑管理する人がいない場合、維持するつもりなら、改葬を行う→合同墓・納骨堂
☑維持するつもりがない場合は、廃墓

改葬（お墓の引越し）

1 今あるお墓の管理者（菩提寺の住職）に改葬について了承いただく
2 新しい墓所が決まったら管理者に受入証明書を発行してもらう
3 今までのお墓のある市町村役場で改葬許可申請書用紙をもらう
4 今までのお墓の管理者から改葬許可申請書に署名捺印をもらう
5 改葬許可申請書と受入証明書を今のお墓がある市町村役場に提出して改葬許可証を交付してもらう
6 お墓を閉じる
7 新しい墓所に改葬許可証を提出して納骨する

納骨堂・樹木葬・永代供養墓とは？

終活相談の中で一番多い相談がお墓のことです。

とくにおひとりさまからの相談では、「墓じまい」を検討していることが多いのは間違いありません。

たしかに、ひとりで生活をされているので、お墓のお世話をしてくれる人はいないだろうとお考えになっていることはわかります。しかし、お墓にはご先祖さまも入っておられるわけですし、ご近所ではないけれど、親族がいる場合もあり得るわけですから、**廃墓《はいぼ》すると決め打ちせずに、いろんな選択肢を検討することをお勧めします。**

新たなかたちのお墓ができており、納骨堂・樹木葬・永代供養墓などの選択肢があります。

納骨堂は、大半が屋内にあり、ロッカー式や自動搬送式などの形式が多いようです。**お参りする場所は1カ所です。お参りしたい季節は、込み合うことが考えられ、お参りするのも順番待ちや、予約制の場合がありますので、確認が必要です。**

樹木葬は、墓石の代わりに木の根元などに埋葬するものです。

墓地の景観としては、自然の中で環境が良いことが想像されますが、一度は必ず現地確認をしたほうがよいと思います。

注意点は、お参りの際のアクセスのよさです。元気なときは問題がないかもしれませんが、高齢になってくると交通手段などで不便を感じるかもしれません。

また、将来、別の場所に「改葬」することが懸念されるような場合も注意が必要でしょう。

木の下に埋葬するわけですから、次に改葬するときには、その木を倒す必要があるかもしれません。それが可能なのかどうかを含めて、墓地管理者の話を詳しく聞いておく必要もあります。

永代供養墓は、他の遺骨と一緒に共同で入るお墓のことです。遺骨が混ざる合同墓です。

費用はいろんな選択肢の中ではかからないほうです。

これも将来の「改葬」が懸念される場合には、選択肢から外れます。

なぜなら、他の人の遺骨と混ざります。自分の分だけ取り出して、とはいかないかもしれません。困難な場合が多いでしょう。

また最近では、自治体が共同墓として、永代供養墓の運営を始めています。

かなりの人気となっていますので、自治体への問い合わせは殺到していると聞きます。

お住まいの地域で自治体に将来計画があるかなど問い合わせを行うのもよいでしょう。

改葬するということは、将来にわたり、子孫や親族が墓守をしていくことが前提の話です。

将来にわたり、維持・管理ができない場合も増えています。例えば、子どもがいない場合などは廃墓の選択肢となります。

ひとりっ子で、故郷から離れた場所に結婚して暮らしている。夫婦2人で、子どもがいない。自分の父親が亡くなったときは、お墓をそのまま維持したが、母親が亡くなったときに廃墓として、ご先祖の遺骨もまとめて、母の遺骨と一緒に散骨にした。

そういう方のご相談にのったことがあります。

そのうえで、その方は自分たちも将来は散骨を希望されています。

また、ひとりっ子同士で結婚して、それぞれの実家にお墓がある。自分たちの代まではは、2つのお墓を供養することができるけど、奥様は、旦那さんのほうのお墓に入るつもりでいます。そうすると、自分の実家のお墓をどうすればよいか、と相談を受けたケースもあります。

この方の場合は、奥様のお墓は寺院墓地にあり、同じ墓地にご親族のお墓があるとのことでした。そのため、そのご親族の方とお寺に話をして、将来は一緒に親族の方に面倒をみてもらえないかと相談してはどうかとアドバイスしました。

親族にお世話になるのはわがままと思われないだろうかと心配されていましたが、相談してみると、すんなりと受け入れてくれて、「この際だから、こっちのお墓に遺骨を移して廃墓しなさい」と、親族とお寺から提案を受けたそうです。

ひとりで悩まず、周りに相談してみると課題解決のよいアイデアも生まれてくると思います。

少子化に合わせて、こんなケースはこれからも多くなるのではないでしょうか。ぜひ参考にしてみてはいかがでしょうか。

お寺とのトラブルには要注意

先ほど、墓地の運営主体が4つあるという話をしました。

「墓じまい」を行う際に、この4つの運営主体の中で、注意すべきことがあります。**皆さんの墓地がどこにあるのかをまずは確認してください。その中で、寺院墓地の場合は手続きにおいて、注意が必要です。**

寺院墓地はその通り、お寺の中にあるお墓です。当然、お寺が供養をしてくれています。

家の者が供養を考えようと考えまいと、日々の御勤めとして行ってくれているわけです。

日頃、お寺と行き来があり、話をしていればそれほど問題は起こらないのでしょうが、「改装」を考えるケースは、お寺に行くことが困難だから考えるわけです。

つまり、日頃あまり話ができていない場合です。そんな状況で、突然「墓じまい」の話を持っていくと、「改葬許可書」に署名・捺印を拒否されてしまう場合もあります。実際に裁判沙汰にまで発展したという話も聞きます。

日頃の話ができていないわけですから、こちら側の事情や悩みをお寺は知らない。その中で、一方的に墓じまいの要望を伝えるとトラブルになってしまうこともあり得るということです。

まずは相談から始め、今までお墓を守ってくれたことへの感謝を示していく必要があるでしょう。

墓を他に移すことは、檀家をやめることになりますので、今までの供養に対するお布施を渡すことと同時に、少し多めに「離檀料」が必要になるかもしれません。

もし、寺院墓地にお墓がある方で、将来に改葬を考えているのであれば、今からでもお寺に話をする機会を増やすべきです。悩みを聞いてもらっておくとよいでしょう。相談しておけばトラブル回避につながります。

「墓じまい」で大切なことは？

「墓じまい」の検討するためには、まずは将来、お墓を守ってくれる人がいる可能性を探ります。

おひとりさまであっても、親族や周りの人に頼れる人がいるのか、いないのか。とくに親族から候補を探すことは重要です。頭から候補者ではないだろうと外さずに、まずは相談してみることをお勧めします。

墓守候補が見つかったら、その人にとってどれが一番良い方法なのかを優先し、お墓を移すことを考えていきましょう。

納骨堂がよいのか、樹木葬がよいのか、一般墓がよいのかが、選択肢となります。

おひとりさまで、墓守候補がいない場合には、今あるお墓を廃墓として、永代供養墓や散骨なども検討し、将来の供養は一切なしでよいのか、と考えていくことになる

でしょう。

しかし、**いきなり永代供養墓がよいとか、散骨がよいとか、決め打ちしないで、まずは将来の供養の可能性を探ることをお勧めします。**

なぜなら、一度廃墓としてしまえば、将来元に戻すことはできません。

供養をするのは、後に残された人たちです。彼らの考えを踏まえたうえで進めるべきです。

仏壇はどうする？

供養というとお墓だけに限りません。
仏壇もお墓と同じように考えておくべきです。

実家には立派で大きな仏壇がある。だけど、親が亡くなれば、将来誰も住む人がいない。この仏壇をどうすればよいのだろう、と悩まれる相談も多く寄せられています。そのまま放置するのではなく、処分をする。もしくは、別の仏壇を用意して、自分の住まいに移すといったことも考えられます。

しかし、マンション住まいなどで適した部屋がなく、実家の仏壇を移せない。また、住まいのインテリアの空間上、夫婦のどちらかや、子どもが嫌がるといった話も聞きます。

一度お仏壇屋さんに足を運ばれてみるとよいでしょう。最近は、デザイン性を重視したインテリア仏壇などが商品化されています。

最初から無理と考えずに、いろんな選択肢を考えることができると思います。

またお墓の事例でも紹介したように、家に仏壇が2つあるといったケースもあります。

こちらもひとりっ子同士の結婚で、それぞれのご両親が他界した。実家にあった仏壇をそれぞれ引き取ったために家の仏壇が2つあり、宗派も違うのでどうしたらよいのか、という相談です。

このご夫婦が将来どうしたいのか。旦那さんの家のお墓・仏壇を主に考えるのか、奥様のほうの仏壇やお墓をどうするのか。そんなことを一緒に考えていきました。

奥様から、旦那さんと一緒のお墓に入りたいとの希望が出たので、それでは旦那さんのほうのお墓と仏壇の残すことを考えて、奥様のほうの仏壇をどう処置していくのかの検討をお勧めしました。旦那さんのほうのお寺に相談してみてはとアドバイスしました。

最終的には1つの仏壇に、宗派の違う、それぞれのご先祖様を供養するものとして、まとめることができたそうです。

お寺さんの話を聞いて、納得して移されました。

お墓もお仏壇も同様です。

「これしかない」と決め打ちをして、選択肢を狭めることがないようにすることが一番大事なことだと思います。

第 3 章

家の後片付けで迷惑をかけてしまう

終活の第一歩は、家の片付けから

私が行う終活のセミナーや講座では、こんな声を聞くことがあります。

「終活をしたほうがいいのはわかったけど、何から手を付ければよいのやら……」

たしかに、「自分の死ぬときのこと」「相続はどうすべきか」をいきなり考え始めても、行動に移すことは難しいという方も多いことでしょう。

ある程度はイメージができている方であれば、学んだ内容を踏まえて、自分の関心の高い事柄から、「まだ対応できていない部分はないか」と考えていけば、終活に取り組みやすいのかもしれません。

しかし、今まで考えたことがない方には、ハードルが高く感じることなのかもしれませんね。

セミナーなどで、「終活のとっかかりになることは何か?」と私が質問された場合は、**「まずは家の片付けからやりましょう」**とアドバイスしています。

今の生活環境の中で、家の整理をすることとは、モノの整理に留まりません。物事を整理することで、心や頭の中までスッキリする効果があります。

ですから、片付けから始めると、終活がその後もスムーズに進んでいくことになるのです。

そこで、この章では片付けにおいて注意しておきたいことを紹介します。

死後事務委任を考える際にも、片付けが大切です。

「亡くなった後のこと」を誰かに託すだけではありません。おひとりさまの場合は、この本でもこれからふれていく要介護や認知症になったときに、**誰かにお世話になるためにどうしていくのかなど、時の流れとそのときどきの場面に応じた制度の活用が必要になってきます。**

これらも頭の整理をしながら、やっていかなければなりません。

その意味でも片付けは終活の第一歩だといっていいでしょう。

片付けは、スマホやパソコンの中から始めよう

今の世の中、多くの人がスマートフォンを使っています。

便利ですねえ。昔のように、カメラを持っていく必要もない。スマホで写真を撮りまくっている人。SNSを駆使して、発信をしたり、交流をしたりしている人。「ながらスマホ」のように、生活の中に溶け込みすぎて、トラブルの原因になる事柄まで起こっています。

私の知人で、いつもスマホで写真を撮りまくっている人がいます。ときどき「写真はどこに保存したかわからない」なんてことをいう人もいます。せっかく撮ったのに、どこに保存しているかがわからないのでは、撮った意味はないだろうと、私は思ってしまいます。

他人や家族には見せられない、見せたくないものも、ときには含まれているかもし

れません。

デジタル遺品と言われるようになりましたが、**電子メール、写真などの記録を残しておいたほうがよいもの、いっぽう必要ないものを、一度整理することから始めてはいかがでしょうか。**

またパソコンにしろ、スマートフォンにしろ、デジタルデータを記録しておく領域にも限りがあります。「最近、パソコンの調子が悪いなあ」と感じる方には、パソコンの中を整理するだけで、「素早く動くパソコン」に変身する場合もあります。

あなたが亡くなったときには、残された人が、それらの整理を行っていかなければなりません。消去すればよいのでしょうが、SNSなど、クラウドサービス上にあるデータは、ログインIDやパスワードがないと、データを消すことができません。

どんなサイトを利用していて、ログインID・パスワードがどうなっているのかも、リスト化しておく必要があります。

最近は、ネット犯罪防止のために、「わかりやすいパスワードの使用はやめよう」

「同じパスワードの利用は避けよう」など、個人情報保護や被害防止の観点から、さまざまなことを行っていかなければならなくなり、複雑化しています。

こういう私もパスワードは数種類使い分けていますが、ときどき、「ここのサイトは何だったかな」とわからなくなり、ログインできないことや、何度か間違えてパスワードの再設定を求められたり、面倒なことが起こっています。

自分がわからないようなパスワードであれば、他の人はもっとわからない、予測のつかないパスワードだと思います。これらも一度整理をし、リスト化しておくことは必要でしょう。

ただ、デジタルデータの整理は、スマートフォンやパソコンで行えるので、体力は必要ありませんね。

終活スタートのきっかけには、向いているのかもしれません。

自分が死んだ後のペットの面倒は？

「ペットは家族同然」とよく聞きます。私自身は、ペットを飼っていませんので、どこまで飼い主さんの気持ちを理解できているかわかりません。

ひとり暮らしで、犬を飼っている女性から聞いた話ですが、家にいるときには、膝の上で抱いて一緒にいる。そうするととても安心するし、その犬と離れ離れになることは想像がつかない、ということでした。

家族でも子どもは成長して大人になれば、親元を離れていきます。それを考えると、家族以上の存在なのかもしれません。

そんな存在であるペットなので、ペット葬や、ペットと一緒に眠るお墓なども登場しているのでしょう。ペットの死は、家族の死と同様に考える必要があると感じます。

また、**あなたが亡くなった後、家族同様に大切なペットをどうすればよいのか。そんな終活も考えておくことが必要になるでしょう。**

動物虐待ということは、人権と同じように語られている昨今、「あなたが死んだら、ほったらかし」は社会的にも許されることではありません。真剣に考えておくべきことです。

自分の死後に、ペットの面倒をみてくれる人を探すことが、一番肝心なことでしょう。

自分で探すことができない場合、動物愛護団体などがボランティア活動のひとつとして、里親探しを手伝ってくれています。

最近は、このような団体が里親募集などのWEBサイトを開設しています。一度そのようなサイトを閲覧してみて、活動状況なども確認しておくことも必要だと思います。

家の中を片付けておかないと、周りの人に迷惑をかける

お葬式が終わった後に遺族の方からよく相談されるのが、「故人の持ち物をどう整理していこうかと悩むんです」というものです。

故人の持ち物を一つひとつ見ていくと、それぞれにいろんな思い出がよみがえるはずです。

残された人が故人の片付けを始めると、「捨てずに残しておいたほうがいいかな……」という方向に考えがちなので、整理しようと行動を起こしたものの、なかなか片付けが進まない、ということに陥りがちです。

片付けに何か指針や方針というものがあれば、それに沿って片付けをしていけばよいのでしょうが、それがないと、どうしても迷ってしまうのだと思います。

そうならないために、あなたが生前に片付けを行っていくことは、死後を託す人に

迷いを生じさせないやさしさです。

死後を託される人の立場に立ってみて、どんなものが片付けを行う際に、迷いが生じやすいのかというと、**アクセサリーや時計、写真、和服などです。日常的に使うもので少し価値があるものや、日常ではあまり使わないけど、あると便利なものは、迷いが生じやすいのではないでしょうか。**

普段から、モノを溜め込みやすい人は、昔購入した洋服をまた着る機会があるかもしれないと捨てずに取っておく。そうすると、衣類もドンドン溜まっていきますよね。

それと同じようなことですけど、他人のモノを処分するのは、決断力がないとできないものです。

この決断はなかなかストレスがかかってきますので、**終活を始めるにあたっては、片付けには手を付けておく。そして、定期的に行っていくことが必要でしょう。**

少し前に流行った「断捨離」という考え方は、終活の片付けでも結構使えます。

お葬式に使う写真がないと、周りの人に迷惑をかける

「遺影に使う写真がない！」

実は1年ほど前まで、私が悩んでいたことです。

私は写真を撮られるのが嫌なんです。実際に写真の中の自分が、良い顔で写っている写真が少ない。どうも気に入らない。そんな写真ばかりなので、どうも写真の枚数が年を取るにつれて少なくなっていることが気がかりでした。

「今、オレが死んだら、遺影がない」と、悩んでいました。

そんな中で、1年ほどまえに、会社のホームページをリニューアルした際に撮った私の写真が「いい男」に撮れたので、「これだ！」と心を決めたのです。これから10年は大丈夫だと、自分事ですが悩みが解消しています。

10年後の自分が今と同じかといえば、容姿は年とともに変化するでしょうから、家

族からすれば、「これって、お父さんらしくないよ！」という話になるかもしれません。

よくあるお葬式の中の一コマです。

遺影を飾っているけど、遺影が若いときの写真ですと、最近の容姿を思い描いている遺族や参列者の人には、なんだか違和感がある。

そうならないようにと、遺族が遺影を選ぶときは、「あれでもない、これでもない」と、バタバタすることになります。

遺影を選ぶことはたいへんな作業ですが、残された家族がお葬式の内容や段取りを考える際、とても良い場面になることがあります。

写真を見ながら、「この時は、こんなだったのよねえ」とかいう話を家族でしているうちに、お葬式はこんな風にやろう、という意思確認がとれることもあるからです。

ただ昨今は、核家族の中で、そんな思い出が少なくなっているようにも感じます。

そうであれば、数枚候補となる写真を残していくことと同時に、自分の葬式はこんな風にして欲しいと伝えておくことや、書き残しておくことは大事なことです。

これも家の片付けと同じで、写真がたくさんあればあるほど、迷いが生じやすいものです。自分の生きていた証として残しておきたいのであれば、写真の整理をしておくことも必要ですね。

おひとりさまで、「わたしの葬式は簡単にすませればよいので、遺影は不要」とお考えの方もいるかもしれません。

でも、何かのきっかけで「やっぱりあったほうがよいかも」とのちのち考え直すことがあるかもしれません。

そんなときに**「断捨離し過ぎてすべて捨ててしまっていた」では新たなお困りごとができてしまいます。お気に入りの写真を1、2枚は準備しておくほうがよろしいかと思います。**

「モノに託したメッセージ」がお勧め

死後を託す人に、自分が最後に残したモノの片付けを行ってもらう。託された人は、託したあなたのことを考えながら、片付けを行おうと心がけるはずです。先ほども書きましたが、託された人は「これは処分してもよいのだろうか」と必ず迷いが生じます。これはストレスがかかる話です。

そして、死後を託されたとはいえ、あなたには血縁者や知人、友人もいるわけですから、そうした他の人の意見も聞きながら片付けをしていくとなると、相当にたいへんな作業なのだと思います。

誰かに頼まないと、自分の最後の片付けはできないわけですが、大変な作業をお願いするあなたは、「迷惑かけるな」と申し訳ない気持ちがあるでしょうし、お願いされるほうとしては、「覚悟が必要だ」と感じているでしょう。

迷惑をかけるけど、こうして欲しいというメッセージがあれば、託された人の負担感やストレス感は、まったく違ってくるものです。

ただモノの整理をしてから、「これは捨てて」、「あれは、誰かにあげて」というモノの措置を形式的に残しておくだけでなく、「この品物は、こんな想いがあるから、誰かにあげて」というメッセージがあると、とてもよいでしょう。

第8章でも述べますが、「遺産をこのように相続させる」ということを書き残すことが遺言書の主目的ですが、**大事なことは、「なぜ、そうするのか」というあなたの想いです。メッセージがあるだけで、相続のトラブル発生の可能性を下げる効果はあるでしょう。**

また、生前からそんな話を家族や周りの人としておくことも大切です。

直系家族がいなくて、親族や第三者に死後を託すのであれば、なおさら、自分の想いをメッセージとして伝えておくことはとても大事なことだろうと思います。

想いが込められたメッセージと写真であれば、自分史として写真と一緒にアルバム

© ITOHEN

を制作したり、思い出が詰まった着物の布を使って、オリジナルジュエリーを制作してくれるサービスを行っている会社もあります。

想いのこもったメッセージは、死後事務を託された人には、とても大切なものになることは間違いありません。

第 4 章

急病や介護で迷惑をかけてしまう

おひとりさまが最初に気づく困りごとは「もし介護が必要になったら……」

ひとり暮らしの生活は自由な反面、「元気なうちはいいけれど……」という言葉が決まり文句のように言われます。

病気になったり、怪我をしたりしたときに、ひとり身の不自由さを感じたことはないでしょうか。急に家の中で倒れたときに、「誰が助けに来てくれるのだろうか」と不安に思ったことはあるでしょう。

「健康寿命」という言葉をお聞きになったことがあると思います。

日常的に誰の助けもなしに、自立した生活ができるまでの年齢のことをいいます。

男性は72・14歳、女性は74・79歳です。

いっぽう平均寿命は男性が80・98歳、女性は87・14歳ですから、「誰かの世話になる期間」＝「介護が必要となる期間」は、男性が約9年、女性は約13年となります（厚生労働省「平均寿命と健康寿命の推移」２０１６年）。

この介護が必要となる期間、つまりは不健康な状態がないことに越したことはありません。

健康は「自由な暮らし」の前提となるわけですが、ただ希望的な観測で、「今は元気だから大丈夫」という考え方は、将来、健康不安が起こるかもしれないというリスクに対しての備えを疎かにしているように思います。

リスク対策とは、将来、起こるかもしれないという不確実なことに対しての備えなのであって、絶対的にそうなるということではないですけれど、準備を進めていくほうがよさそうです。

健康を損なうことで、生活に制限が出たり、不自由なことが増えるわけですから、健康であり続けることが究極のリスク対策であることも言わずもがなで、**「健康維持」こそが究極の「終活」なのかもしれません。**

それでは、健康不安についてのリスク対策を一緒に考えていきましょう。

介護が必要になったときに頼れる人がいない

「亡くなるときは、自宅がいい」という希望はよく聞く話ですが、これは「亡くなるまでは家族が介護をしてくれ、看取る人がいる」ということが前提となります。

そもそもひとり暮らしは、そのような存在がいないので、「亡くなるときに自宅」という希望を叶えることが、難しいのが現実です。

そこで考えていくことは、介護が必要な程度が高いのか低いのかによって、どんな手立てがあるのか、です。

介護のサポートはあったほうがよいけれど、大体のことは自分でできるのか。それとも、常に介護がないと暮らせていけないのかで、備えは変わってきます。

また重度の病気を患っていて、急激に体調が変化する可能性があるのか。もしくは持病はあるけれど、これから徐々に体力が低下することが見込まれるのかでは、対応

◉高齢者向け施設の違い◉

	介護付き有料老人ホーム 食事・清掃・身体介護・リハビリなど、施設スタッフによる幅広いサービスが受けられる	特別養護老人ホーム(特養) 重度の介護を必要とする方が少ない費用負担で長期入居できる公的な介護施設	サービス付き高齢者向け住宅(サ高住) 見守り・生活相談サービスのある高齢者向けの賃貸住宅
運営母体	主に民間企業	地方公共団体 社会福祉法人	主に民間企業
費用	中〜高	低	中〜高
入居対象者	自立・要支援・要介護	要介護３以上	自立・要支援・要介護
待機者	少ない	多い	少ない
居室タイプ	原則個室	多床室が多い	原則個室
職員体制	３：１以上	３：１以上	常駐スタッフなし

介護老人保健施設(老健)	・比較的少ない費用負担で医療管理下での看護、介護、回復リハビリが受けられる公的施設
グループホーム	・認知症の高齢者が少人数で共同生活を送りながら、身体介護・機能訓練などが受けられる施設
軽費老人ホーム(ケアハウス)	・主に自立あるいは要支援の高齢者が比較的少ない費用で利用できる福祉施設

の仕方が違ってくるでしょう。

介護保険で受けることができるサービスは、「入浴、排泄、食事」など生活をしていくうえで欠かせないことにおいて、補助が必要であるということに限られます。

入浴や排泄、立ち上がったりすることができないような状態であれば、ひとりで暮らすことが難しいと言わざるを得ないです。

そこまではないけど、洗濯や掃除、調理などは手伝ってもらったほうがよいということであれば、「家事援助サービス」を受けながら、ひとり暮らしをしていくことも選択肢になります。

またひとり暮らしの家をリフォームして、対策を講じていくことも必要でしょう。

介護保険には、「高齢者住宅改修費用助成制度」がありますから、ひとり暮らしをしていくうえで、家の機能改善はしていくことは必要かもしれません。

また、将来、ひとりで暮らすことが困難な状態になることを想定すれば、どこかの施設に入所することを考えていくことが必要だと思います。

高齢者施設の介護付き有料老人ホーム、特別養護老人ホーム（特養）等の種類がありますので、まずはご自宅の地域にどんな施設があるのかを調べていくとよいでしょう。

ただ、このような施設は、基本として「生活していくため」の施設です。体調が悪化したら、病院に入院せざるを得ません。看取りはかないません。

ですから「看取り」ということまで視野に入れておくと、子どもと疎遠となり、今は「おひとりさま」になっている方は、この際、子どもと相談をして、子どもが住んでいる地域の施設に引っ越すことも選択肢に入れてください。

子どもでなくとも、看取りをしてくれる親族の近くに引っ越すこともありえるでしょう。

子どもや親族の近くに行くことは、縁のない土地に行くことになります。それが嫌だと感じるのであれば、住んでいる地域の施設に移って、死後事務委任契約などを活用し、看取ってもらうことを考えていくべきだと思います。

元気なうちに施設に移りたいけど、保証人になってくれる人がいない

最近は、高齢者施設に入る際、病院に入院する際に、保証人を求められるケースが増えています。

また生活する賃貸住宅でも、引っ越しをする際には、保証人がいない高齢者は入居を拒否されると聞きます。

保証人になってもらうのは、家族や親族が前提となります。

今はひとり暮らしで、「誰もいない」とは考えていたとしても、探せば、親族や血族はどこかにいるはずです。

でも、そんな方々に「迷惑をかけられない」というのも心情でしょう。

そもそも「ずっと話すらしていないのに、突然にお願いしても無理だろう」と、お考えになる方も多いと思います。

このような場合、**まずは私のような終活の専門家に一度相談してみることをお勧めします。頼みにくいと考えている親族に、援助をもらえるような、よいアイデアが生まれるかもしれません。**

また、最近は、**身元保証サービスと死後事務委任契約をパッケージ化したサービスを事業化している企業や団体もあります。そのようなサービスを利用することも検討する必要があります。**

身元保証サービス等は、「それなりに費用もかかるので心配」という声を聞かれます。

しかしながら、費用のことを気にして、このようなサービスを受けることをあきらめてしまう前に、一度話を聞いてみたらよいと考えます。

例えばですが、初期費用は抑えながら身元保証サービスを受けて、死後に残った財産をその事業者に全額寄付する、みたいな約束でもよいところがあるかもしれません（いろいろと条件はあると思いますけど）。

余命宣告をされたらどうする？

治る見込がなく、死が避けられない状態になったとき、「その事実を知りたいかどうか」を元気なうちに決めておいたほうがよいです。

事実を知りたいという人も、怖いから嫌だという人もいるでしょう。それは人それぞれの考え方だからよいと思います。

本人に病名を告知することが、一般的になってきました。**以前は本人には知らせず、家族だけが多かったのですが、本人にも知らせる**（家族も同席のうえで）**のが一般的になりつつあると思います。**

ただ、「死」にかかわる病気を告知されたり、余命を宣告されたりするということは、かなりショックな話です。頭が真っ白になって、前後の記憶がないということも多々あるようです。

もし家族がいれば、一緒に聞いてもらって、その後、精神的な不安に対してサポートをしてもらうこともできるのでしょう

しかし、おひとりさまで家族のサポートが得られない場合などは、**ソーシャルワーカーなどにサポートをしてもらうことや、元気なうちに身元保証や死後事務委任などを行っている業者や友人などに力になってもらうことが必要だと思います。**

また、ほんとうに死が近づいたときには、「延命措置を行うかどうか」も判断をしていかねばなりません。

延命措置は、一般的にはその病気を治すことを目的とするのではなく、治る見込はないけれど、延命を目的として行う医療行為のことをいいます。

定義は明確でないので、どんな医療行為が延命措置ですということは難しいですが、例えば、人工呼吸器などはイメージしやすいのではないでしょうか。

延命だけを目的とした医療行為を本人の意思で拒否するのが、「尊厳死」といわれるものです。

延命はして欲しくないと思っていても、そのときには、本人はほぼ意識がない状態です。その場で意思表示することはできません。

事前に準備をして、看取りをしてくれる人や病院の方に伝えられるようにしておくことが必要です。

ただ、病名の告知を受けてから、準備を考えようでは遅いです。先ほどお話をした通り、病名の告知は、ショックの大きな話なので、冷静な判断ができないことになる可能性が高いと思われます。元気なうちに準備をしておく必要があるでしょう。書面にしておくことも一つの方法です。

「尊厳死宣誓書」とネットで検索すると、ヒットするものがありますので、参考にされるとよいと思います。

第 5 章

認知症で迷惑をかけてしまう

認知症は深刻なお困りごと

第4章では、「介護や急病になったとき」の困りごとについて述べました。人が、「死」に至るまでの過程を考えると、年を取るにつれ、体力が低下し、病気や怪我に見舞われていくことは致し方ない面があります。

「健康寿命」という指標が出てきたのは、いかに元気に生き続けるかを考えていこうという思想の元に生まれてきたのだろうと思います。たしかに健康でいれば、治療や薬にかけるお金が必要なくなるわけですし、理想です。

終活相談の中では、**高齢者のひとり暮らしの方からは、「今の生活を維持しながら、亡くなった後にかかる費用が捻出できるか」という不安が多いです。**

自分の今ある財産を毎年少しずつ取り崩しながら、生活をしている。病気や介護で誰かのお世話になることを考えると、一層の負担が増える。そのうえ、亡くなった後にもお金がかかると考えると、不安で仕方がないといった相談は増えています。

ある程度の財産があるとすれば、まあ何とかなるかと考えることもできるでしょうし、逆に財産がまったくない場合も生活保護の制度を活用することで、救われることもあるでしょう。

ほんとうに困っている人は、「今の生活は年金収入などで何とかなっているけど、このまま長く生きると、財産が枯渇してしまいそうだ」というぐらいの財産をお持ちの方かもしれません。

子どもや親族に頼れる人は、不安の解消の手立てがあるかもしれませんが、「おひとりさま」にとっては、深刻な問題です。

またコロナ禍で、病気への不安は一層増したことでしょうし、高齢者の保険料負担割合の見直しなども行われるとなると、悩みは深まる一方なのではないでしょうか。

さて、病気や怪我の不安とともに、年齢を重ねることで、より気をつけていかなければならない「困りごと」が、認知症の問題です。

認知症も病気の一つですが、一つの章を割いてお話をしたいと思います。

昨年世間を賑わした「老後の2000万円問題」。国会でも取り上げられましたが、金融庁が作ったレポートを政府が採用しないという情けない結末になりました。

現在の高齢者の生活に絶対2000万円が必要なのだといっているわけでもない、今の働いている世代の人の将来の老後には2000万円ぐらいは必要だろうねという話なのに、国会では、高齢者が暮らしていけない社会はおかしいという本末転倒のような議論がされていました。皆さんも記憶に残っていることだと思います。

この金融庁が作成したレポートがほんとうに言いたかったことを、私なりに解釈するとこうなります。

①認知症の人が増えているから、財産管理を行う制度を整え、その人の権利と財産を守って生活できるようにしていかなければならない。

②長く働いてもらうためには、働ける場を確保しなければならない。雇用を確保するために事業が継続されるようにしていかなければならない。その中で、経営者も高

齢者になると、事業を停止するケースが増えているから、事業継承をしっかりとやらなければならない。

③若い世代には、貯蓄だけでなく投資を促して、お金がお金を生むようにして、老後の資産形成を行ってもらおう。

私はこのような内容だと解釈しました。結構まともなレポートだと思いませんか？

少し前置きが長くなりましたが、お困りごとの認知症です。

認知症を患う高齢者は増加傾向にあります。85歳以上だと4人に1人という計算になります。長生きすればするほど、そのリスクは高くなると考えられます。

認知症が進行すると、自分の状況を理解したり、判断したりする能力が劣ってきます。ここが他の病気と違う問題なのです。

最近、物忘れが多くなってきていませんか？

認知症は、他の病気や怪我と違い、痛みが出たり、急に体が自由に動かないということが起こるわけではありません。病気が徐々に進行し、自分の意思能力が気づかないうちに衰えていくわけですから、日常生活で徐々に困りごとが増えていきます。

例えば、全国消費者センターに寄せられる相談の中でも、認知症高齢者にかかわるトラブル相談はずっと増加傾向にあります。

認知症高齢者が詐欺や悪質な訪問販売にかかわって被害を受けたといった内容で、そのほとんどが、本人には被害者意識がなく、家族や介護サービスをしている事業者からの相談といわれています。

ひとり暮らしをしている人ほど、被害が大きくなっているケースも多いと聞きます。

認知症高齢者が購入契約をした品物が不要なものだったり、数量が桁違いであったとしても、本人はいつ契約をしたのか、誰と契約をしたのかがわからないのです。そもそもその契約書がどこにあるのかがわからない、など、その被害の実像がつかめないものであれば、いくら後から刑事事件・民事事件で被害回復を図ろうとしても、無理であるということにもなりかねません。

また、認知症が進行すると、病院にいっても自分の状況を上手く説明できませんから、医師との意思疎通が図れないというケースも起こり得るわけです。

このようになる前に、認知症の予防や早期発見が必要なのです。認知症は、老化とは違うものですが、「最近、物忘れが増えてきたかも」という認識が早期発見のきっかけになるかもしれません。

自分が認知症じゃないかと考えることはストレスがかかることでしょうから、老化だと言い張って、診察を受けないというケースもあると聞きます。

早期発見できれば、進行を遅らせることができる病気です。したがって、老化と認知症の違いを理解して、早期発見を心がけることが必要です。

認知症になると金銭管理や身の回りのことが自分でできなくなる

認知症の消費者トラブルの特徴は次の通りです。

①本人がトラブルに遭っていることに気づかない
②はっきりと断ることができない
③トラブルに遭っても、恥ずかしくて周囲に相談できない

とくに認知症にかかっているかどうかには、関連は薄い特徴のようにも思われるかもしれません。

しかし、①のケースのように、本人が気づかない場合などは、周りの人が気づいたときには、被害が大きくなっている可能性が高いわけですから、日常の金銭管理や

持っている資産の管理などは、危なっかしくて、本人に任せられないはずです。

また、自分の病状であったり、体の不自由さなども、しっかりと本人では説明できないために、病院での診察も適切に受けることができません。つまり、必要な医療や介護サービスを受けることができない可能性が考えられます。

入院手続きなども同様でしょうし、高齢者向け施設への入所を希望しても、しっかりと手続きができない場合、身元保証なども求められても、自分では判断がつかないときなどは、入所そのものを拒否されることも想定されます。

このように、認知症を患うと、さまざまな場面で自分のことを自分で判断できなくなる状態に陥ります。


このような状況を解消するために、「成年後見制度」があります。

成年後見制度には、**「法定後見制度」と「任意後見制度」の2つの制度があります。**

「法定後見制度」は、すでに判断能力が衰えていたり、欠如している場合に、本人をどのように支援していくかを決める制度です。

支援する後見人を家庭裁判所が決定し、どのような支援をするのかも本人の意思とは関係なく法律で決められることになります。

対して、「任意後見制度」は、本人が判断能力のあるうちに、誰に支援してもらいたいかを、自分で決めることができる制度です。

私が終活相談を受けているときにも、「誰に後見人になってもらうのがよいのか」「誰が信用できるのか」といった質問が寄せられます。一般的にはこうなります。

①家族・親族
②弁護士・司法書士といった法律の専門家
③社会福祉士などの福祉の専門家
④生前契約を請け負うＮＰＯ団体・社会福祉協議会・企業など

皆さんご存知だとは思いますが、「成年後見制度」を使った横領や着服などの事件が発生しています。

家庭裁判所から任命された後見人による事件などで、「誰を信用したらいいのか」と不安を感じるのでしょう。

以前の事件は、家族・親族によるものが多かったのですが、選任させた法律家による事件が今度は増えているとなると、困ったことです。

人様の財産を預かるわけですから、誘惑も多いのでしょうし、肩書だけでは信用はできないものですね。

そのことからすると、**「法定後見制度」のように、他人である家庭裁判所が決める後見人よりも、自分で「この人なら大丈夫」と思える人に後見してもらえる「任意後見制度」のほうが、ベターな選択であるといえると思います。**

法律の専門家などを依頼するにしても、しっかりと面談を行って、その人物を確認していくことが大切なのではないでしょうか。

任意後見は、自分が判断能力のあるうちに契約をしておくことが必要です。したがって元気でしっかりとしているうちに、となります。

契約を結ぶわけですから、当然費用も発生します。いつ必要になるかはわからない契約を結び、それには費用がかかるのです。

この章の冒頭にも書きましたが、体力は衰えても、最後まで自分のことは自分でできるだけの健康を維持しておけば、この契約は無駄になってしまいます。

この点をデメリットと感じて、その必要性はわかっても、契約をすることに躊躇してしまう方々も多いと思います。

たしかに、時間や費用が無駄になる可能性はあるわけですが、そもそも判断能力が衰えたときのリスクに備えるための契約です。

ものは考えようですが、必要なかったから、それはそれで喜ぶべきことではないでしょうか？

いわば掛け捨ての保険商品と考えるとよいように思います。

判断能力が衰えて、家庭裁判所に後見人を選定してもらう「法定後見制度」にせよ、自分で後見人を選ぶ「任意後見制度」にせよ、実際に後見がスタートするのは、「判断能力が衰えた・欠如した」段階からであり、それから先は、報酬が発生するわ

けです。

問題は、判断能力が衰えるのは、現時点から何年先なのかによって、任意後見契約の費用は、変わってくることです。

誰かにお願いしたいのであれば、そのことをよく考えて相談し、費用交渉をしてみるのもよいかもしれません。

認知症になってからでは遅い相続手続き

相続トラブルにあった方から聞いた話です。

父親が亡くなった後に、父から遺族に宛てた手紙が出てきました。

父親の介護をずっとしていた次女に多くの遺産を配分し、その他の兄弟姉妹には少なく分ける、という父親の希望が書いてあったそうです。

その内容を不公平に感じる兄弟姉妹がいて、裁判にまで発展しました。

裁判になった理由は、父親が認知症を患っていたために、その手紙の内容の真実性が問われたということです。

次女は、「お父さんは生前、ずっとこの内容のことを言っていた」と主張したのですが、他の兄弟姉妹はそれを信用できないので、裁判にまで発展したそうです。

兄弟姉妹は皆独立して、故郷に住んでいるのは次女だけでした。普段からそれほど交流があったとはいえないことが遠因となったのでしょう。

相続のトラブルで、兄弟姉妹の関係はより遠くなってしまった、とその方はお話しされていました。

家庭裁判所の審判は結局、法定相続通りの配分になったそうですが、それがほんとうに亡き父親が望んでいたことかどうかは、わからないともおっしゃっていました。

このケースは、父親は「遺言書を残していた」のではなく、「ただ希望を言っていた（手紙を残した）」だけなので、法定相続分に従った配分となったのでしょう。

仮に父親が認知症を患っていなくても、このような手紙だけであれば、相続トラブルになってしまい、裁判をすれば法定相続分に従った配分となってしまう可能性は、高いのではないかと思います。

それを考えると**遺言書を残しておくことは、相続トラブル回避のためには必要なことです。その遺言書の内容も、争続にならないよう、何事も漏れがないように、しっかりと自分で決めておかないといけません。**

認知症になると、生きているときだけの困りごとでなく、亡くなった後も困りごとを作ってしまう可能性があります。

元気でしっかりしているうちに、準備を怠りなくしていくことが肝心なことなのです。

第6章

老後のお金で迷惑をかけてしまう

自分が亡くなるまでに、資産が無くなってしまうかもしれない

「こんなにお金がかかるなんて、どうしようかしら」

社会福祉協議会が開催した無料の終活相談会での、相談者の一言です。

この相談者はおひとりさまで、自分の老後を考えた際に、第5章でふれた「成年後見制度」を使って、老後の生活の不安を解消しようと思い、どのくらいの費用が必要となるのか、確認をしたかったようでした。

「後見人を士業の方に頼むと、その報酬は最低でも月2万円ぐらいはかかると考えておいたほうがよいですよ」

という私の説明に対しての反応でした。

老後の生活をおくるための資金は、年金の収入と資産の取り崩しが主たる原資になるでしょう。

今は元気なので、治療や薬などにかかる費用はほとんどない。だけど、いつかは必要となるし、どのくらいかかるのかもわからない。そのうえ、誰かに頼る成年後見制度を利用することになると、なお一層の負担が増える。自分の資産がドンドン減っていく。自分が亡くなる前に、資産が枯渇してしまうのではないか、と不安を持たれたようです。

この相談中に、その方が言っていた言葉が「2000万円が必要」ということでした。この本の中でも、何度かふれている「老後生活2000万円」です。

「自分も2000万円ないと暮らせない」と思い込んでいるからこそ、「こんなにお金がかかるなんて、どうしようかしら」という、冒頭の一言が出たのでしょう。

たしかに、収入が年金だけという高齢者の方からすると、現時点で資産が2000万円ないとすれば、不安で仕方がないのだろうと思います。

この不安を解消するためには、「自分の場合はどうなのか」を考えていくしかありません。 これらを整理していくために、私のような専門家に相談することは必要なのだと思います。

「老後にほんとうに必要なお金はどれだけか」を考える

では、どのように整理していくのか、お話しします。

①今の生活にいくらかかっているのかを把握する
②今の年齢から考えて、後どのくらい生きるだろうかを想定する
③これからの生活において考えられるリスク（入院、介護、後見、施設利用）を考えて、どのくらいの期間と費用がかかるのかを想定する
④死後（葬儀・供養）にかかる費用も考える

これらを合算すれば、ある程度は必要な金額は見えてきます。
ある一定の額が必要だということがわかります。

あくまでも想定の話なので、それが絶対ということではありません。

ただ、先ほどの相談者の方は2000万円に満たない額が計算として成り立つことがわかると、少しは安心したようです。

これからのリスクにかかるお金は、将来ほんとうに必要であるかどうかはわかりません。

病気や認知症にならなければ、不必要なお金となります。ですから、「健康維持」はとても大切なことであることは間違いありません。

しかしながら大切なのは、不確実だけど、起こるかもしれないリスクに対する「備え」です。老後にかかるお金を整理して考えることで、安心感を持つことができます。

「病気、介護、成年後見制度などは、必要かどうかはわからないですよね」と言って、そのときだけホッとされる相談者もいます。でも、相談した後、「病気の不安」が再燃して、あらためて相談に来られる方もいます。

短い時間で考える必要はありません。将来を見据えた、広い視野を持つことが必要です。

亡くなった夫が取引していた株のことをまったく知らなかった奥様

老後の生活資金は、持っている資産の中でも、現金や預金から捻出されるものです。しかしながら、**資産は、現金や預金だけとは限りません。住んでいる不動産や保険商品**（**商品にもよりますが**）、**株式などの有価証券も含まれます。これらも含めた資金計画が必要です。**

私が死後事務を行ったときの実例を紹介します。

死後事務委任の相談を受けていた男性が、突然倒れ、そのままお亡くなりになりました。

相談中で契約は行っていなかったのですが、その訃報を奥様から受け、そのまま葬儀施工管理から死後事務までかかわらせてもらいました。

奥様と相続のお話をしていると、現金預金は多くないので、自分の老後が心配だということでした。しかし、旦那さんが残した財産を調べてみると、株式を保有しており、終身保険に加入されていることがわかりました。

奥様は「株式のことなんて全然わからない。夫が株を持っていることは知っているけど、損したという話しか聞いたことがない」ということで、資産としては頭になかったようです。

証券会社から届いた保有明細書を見て、驚かれていました。

株式を売却すれば一定額の資金ができることで、安心されたようでした。

終身保険についても同様に、現金化すれば、相続手続きや相続税などといった死後事務にかかる費用が捻出できることがわかりました。

資産の中の現金以外のものは、その必要な時期に応じて、現金化できるようにしておけば、今ある現金だけで老後生活を考える必要はありません。

このように、これからの老後を考えていく場合に、いろんな専門家にかかわってもらうこととなります。

しかし専門家のすべてが、終活にかかわる全部を網羅しているわけではありません。例えば、税理士さんは、税金については詳しいです。ですから、贈与税と相続税の正確な税額を計算するのであれば、税理士さんに相談しなければなりません。遺言を書く場合や相続手続きをする場合には、書く方法のアドバイスや瑕疵なく相続を行うアドバイスはできます。

しかしながら、税理士は葬儀のことはわかりません。法律家の方も同様です。専門家の方に相談し、手続きが済んだとしても、それで相続で揉めることがないのかどうかは別問題です。

だからこそ、終活という大きな視点から物事を考え、老後の資金の心配や死後事務委任までを含めて、終活をアドバイスできる方に相談していくことが必要だと思います。

そういう立場の終活カウンセラーである私から、「老後のお金」に関するアドバイスをしていきます。

「たいした資産がないから、相続をどうするか決めていない」はＮＧ

「おひとりさまだから、相続する人がいない。だから準備は必要ない」とか、「財産は少ないから、相続で揉めることはない」と考えるのは、間違いです。

「相続で揉めるのは、財産を持っているから」と思うのは、映画やドラマの影響ですね。

よくあるパターンが、「遺言書が発見され、それがきっかけで殺人事件が起こる。設定として資産家一族」。皆さん、これにハマってます。たしかに面白いので、私も見ます。

そして、自分と比較してみて、「ああ、こんな財産はないから安心」と勝手に思い込んでいるのではないでしょうか。

現実は、少ない財産のほうが、遺産相続で争続になるケースが多いです。

◉遺産分割事件の遺産額は？◉

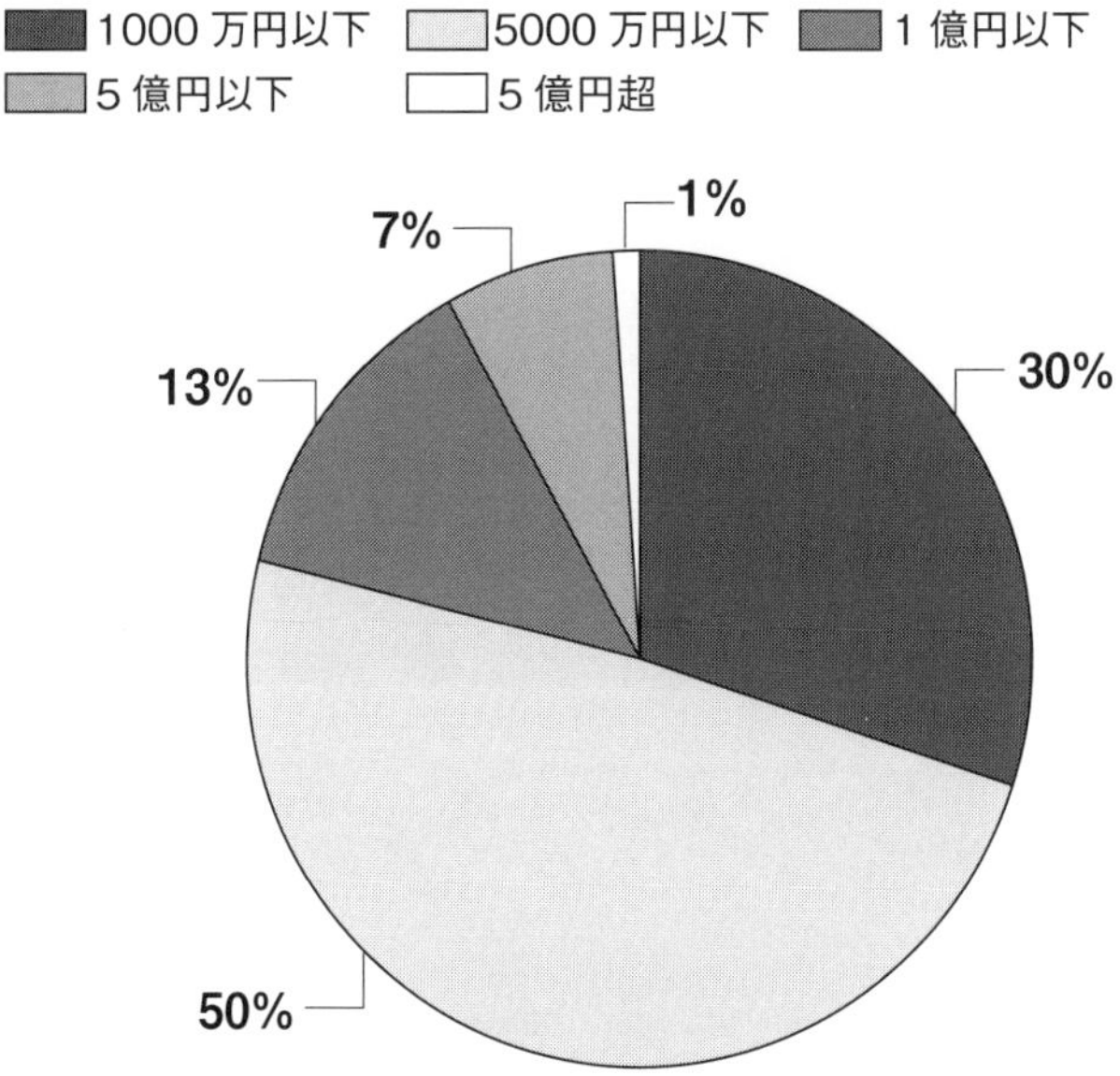

5000 万円以下での紛争が約 8 割
1000 万円以下でも 3 割が揉めている

「自分は遺産が少ないから大丈夫」
は危険です

出典：最高裁判所「平成 24 年度司法統計」

よく考えると、当たり前なんです。たくさん財産を持っている人ほど、自分の資産をどう増やしていくのかを相当考えているわけです。そのうえ、税金としてたくさん持っていかれる相続税や贈与税にも関心が高いはずです。

ですから、資産を相続させるのはどうするべきかをしっかりと考えて、遺言書なども準備しているからです。

最近は、さまざまなメディアや金融機関などが、「遺言の時代」というフレーズを使うようになりました。

遺言書は、一人ひとりがほんとうに書いておくべきものだと、私も思います。

とくに、おひとりさまは必ず必要です。

理由は、亡くなった後の財産の継承のルールは、法定相続人といい、「家族・親族」に限られるからです。

亡くなった後の処理は、当然、あなたにはできない。誰かに頼る必要があります。

そして、死後事務に関することには、お金が絡んできます。

「自分は財産を残しているから大丈夫」ではありません。

◉おひとりさまの相続財産◉

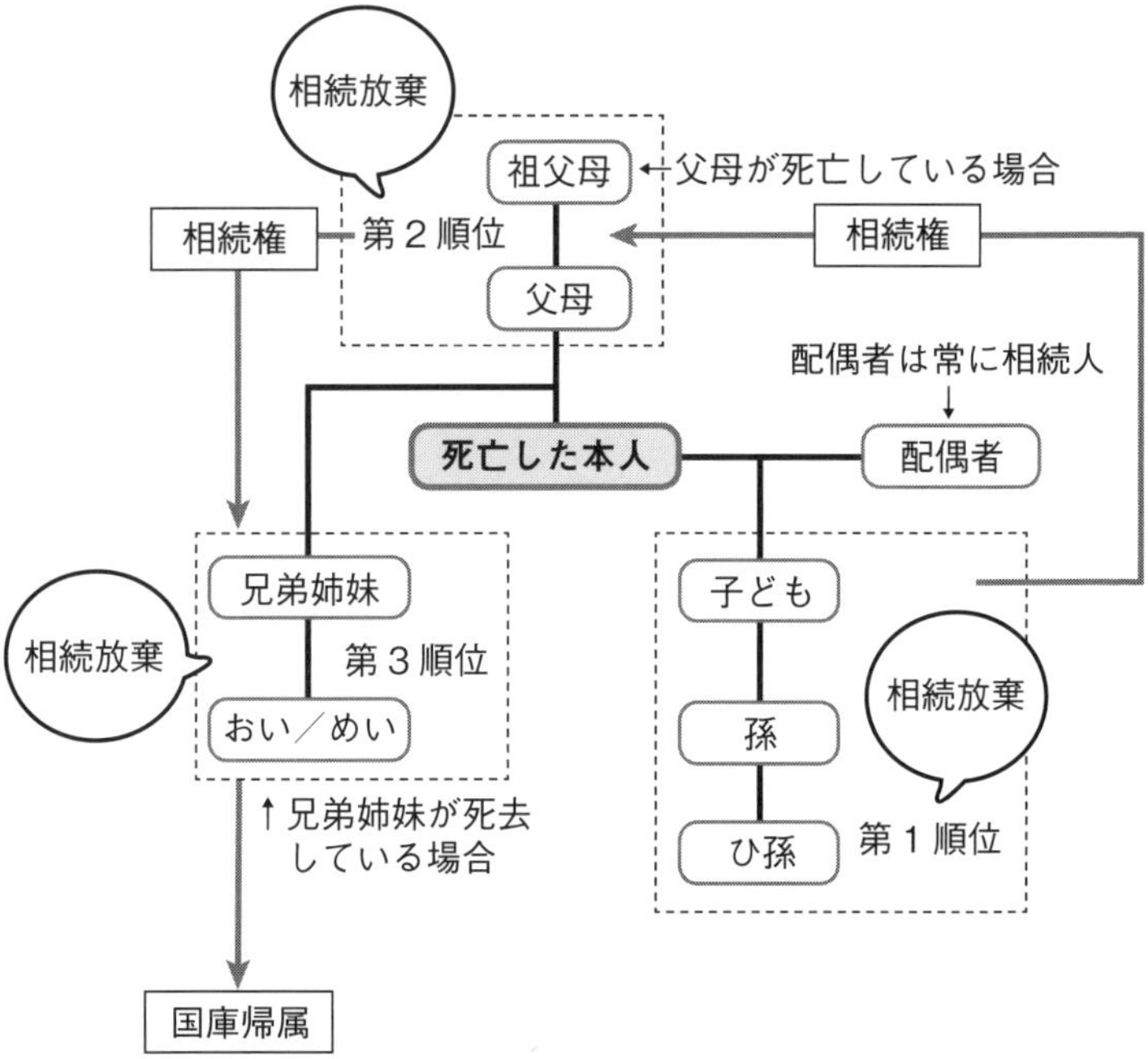

おひとりさまの相続財産はどうなる？

・国庫への財産帰属は、400 億円
・遺産の受け取り手がいないケースが増えている
・この 10 年で約 2.5 倍に拡大している
・この数字は、さらに膨らむ見込み
・休眠預金は、法律で NPO 法人や自治会などの活動を担う団体に助成・融資の形で活用されている仮にあなたが遺言書を残してはいませんが、生前に友人に「後を頼む」と言って、亡くなったとします。

この友人が、あなたの代わりに死後事務を行ったとして、あなたの財産を処分するには、それなりに手続きをしていかないといけません。時間がかかります。

とくに相続に関する手続きは、法定相続人でない場合、金融機関などは第三者が簡単に預金を引き出せるものではありません。

したがって、例えば友人があなたの葬儀を主催したとすれば、一次的に友人はその費用を立て替えないといけなくなる可能性があります。

また、あなたは自分の財産を相続する人はいないと思っていたとして、兄弟姉妹や代襲相続などの権利を有する人がいた場合などは、この友人は、あなたの財産を承継した法定相続人から、立て替えた葬儀費用を受け取るしか方法がありません。

万が一、友人と法定相続人が知り合いであれば、まあ、それもありかもしれません。でもあなたは、葬儀を友人に頼むくらいですから、法定相続人がいるなどとは思いもよらず、そんな話を友人にしていることはまずありえないはずです。

友人は知らない人と、あなたの財産（他人の財産）の話をするはめになります。相当なストレスになるはずです。

私の相談者の中にも、「子どもがいない」「兄弟姉妹はいるけど、高齢なので亡くなった後のことは頼めない」という方は、大勢います。

兄弟姉妹に頼まずに、第三者に死後事務を委任する場合は、遺言書は必須条件です。

老後の生活資金が不安な方こそ、制度活用と不動産活用を！

老後の生活資金を検討し、亡くなるまでに資金の枯渇が予想されるようなケースは、成年後見人への支払いが発生する「成年後見制度」は使えないのでしょうか？

いいえ、安心してください。成年後見人への報酬は、財産から支払う必要があるのですが、成年後見制度の利用条件には、とくに収入による制限があるわけではありません。

そのために、**報酬の支払いが困難な場合なども、後見人の利用ができる場合もあります。**

例えば、後見人を頼みたい人と交渉することです。

つまり元気なうちに、後見人を決めて（任意後見契約を締結して）、その方への報酬の額や、その支払い方法を無理のないように取り決めをしておくのです。

支払いは困難だろうと考えて、後見人の利用の決定を先送りしていたら、あなたが認知症になったとします。あなたの意志と関係なく法定後見人を定められると、その報酬はあなたの財産から支払われます。仮に財産が実際に枯渇してしまえば、生活保護などの国の制度が使われてしまうことになります。

まあ、そのときには、あなたは、自分がどういう状態であるかがわからない可能性が高いので、それはそれでありかもしれません。

しかしながら、おひとりさまの「自由で誰にも迷惑をかけたくない」という信条からすると、生活保護を利用しているような状態を想像すると、どうでしょうか。

やはり、自分のことは自分で決めることができる任意後見契約を結んでおくことが必要なことでしょう。

また、見守りサービスや身元保証サービス、死後事務委任契約を結ぶことが、最期まで自分らしくあり続けることにつながると思います。

成年後見制度は、国が制度活用を推進しています。そのために、使いやすくするための制度を設けています。

例えば、「法テラス（日本司法支援センター）」などの民事法律扶助のような制度で必要な場合は、弁護士・司法書士の費用の立て替えなども行ってもらえますので、このような制度を活用することもできます。

報酬費用の上限を設けたり、期間を設けたりと、条件がつく場合がほとんどでしょうが、お住まいの自治体に問い合わせして確認してはいかがでしょうか。

現在お住いの家などの資産を活用して、老後資金をつくることも検討してみるのもよいと思います。

家には最後まで住みたいのに、不動産を売却させるつもりかと思うかもしれませんが、そうではなくて、「リバースモーゲージ」という金融商品があります。

リバースモーゲージは、自宅に住み続けながら、その自宅を担保に老後資金を借りることができるという商品です。

老後の生活をさらに豊かにしたいという方にもお勧めできる商品なので、担保となる住宅があるなら、老後生活を送るための資金源として検討するのも一つの方法です。

また、老後の生活を考えるうえで、ひとり暮らしが不安なのであれば、施設に移ることも検討してみてもよいでしょう。

最期は誰かのお世話にならないといけないのであれば、施設に移り住んで、頼れる人のそばにいることも大事なことかもしれません。


生前葬儀契約を締結したおひとりさまの男性の話です。

比較的、お元気なうちに施設に入られました。そして「自分が死んだ後は、こんな生前葬儀契約をしているから、自分が死んだときには神田さんに連絡して欲しい」とずっと施設の人に言っていたそうです。

実際に亡くなる直前になり、施設の方から私に連絡がありました。葬儀施工をしっかりとできたというケースです。

住んでいる家を売却して、その費用で残りの人生を過ごす施設に入居されました。老後生活のひとつとしてはスマートだと思います。

加入している保険は確認を忘れず、定期的な見直しを！

「お父さんが、自分は保険に入っているから安心しておけと言っていたけど、当てにならなかった」

これは、私の知人がお酒を飲みながら披露した、笑い話の一コマです。

父親が亡くなり、葬儀をした。葬儀費用に保険金をあてにしていたけど、加入している保険商品は、死亡保険ではなかった、という話です。

たしかに「保険」といっても、損害保険もあれば、医療保険、生命保険などもあります。たくさんの種類があります。

知人は「保険」と聞いて死亡保険と思いこんでいたけれど、そうではなかったという話。

葬儀費用の支払いで困ったことになるような生活を知人はしていないので、笑い話で済みますが、これが「おひとりさまの死後事務委任」で起こったら、大変なことになってしまいます。

今、契約している保険があるのであれば、それは何のための保険なのか、そして契約内容がどうなっているのか、確認してください。

死後事務委任契約の活用を念頭においているのであれば、死亡時に保険金が下りる内容なのかどうか。そしてその保険金の受取人が誰になっているのか、を確認する必要があります。

受取人が自分である場合は、死後のその保険金をどうしたら死後事務に活かせるようになるのかを考える必要があります。

元気な今であれば、死後事務の請負人に受取人を変更することも検討してみてはいかがでしょうか。

医療保険に加入しているのであれば、これからの病気や怪我などの入院費用に役立てることができます。しかし、医療保険は、ある一定期間を経過すると、保険でカバーできる治療内容などが、その時代にそぐわないケースも見られます。

保険商品は、年齢が上がれば上がるほど、支払う額も多くなります。保証内容がそぐわないのであれば、契約していることの意味がなくなる可能性もあります。

したがって、定期的に保険商品の見直しを行いましょう。

契約している保険会社の担当者と定期的に会って、契約内容の説明を受けたり、新しい商品の説明を受けることや、さらには独立系のファイナンシャルプランナーなどの第三者のアドバイスを受けることをお勧めします。

ただ、保険営業マンにとっては、保険商品の契約を変えることが営業成績につながる場合もありますので、頭の片隅に入れておいてください。昨年世間を賑わせた日本郵政の不祥事などもありましたね。

今ある保険を上手く活用することが第一前提ですが、契約内容がこれからの備えになっていないのであれば、見直しをするというスタンスで臨むことが必要でしょう。

保険の種類を知って、老後の安心を

保険商品には、貯蓄性保険と掛け捨て保険があります。

貯蓄性のある保険であれば、その保険を解約して生活資金に充てることも可能です。保険契約の内容を確認しておきましょう。

貯蓄性保険は、老後の生活資金として現金化することがよいのか、死亡時に保険を受け取り、死後事務費用に充てたほうがいいのか、2つの選択肢があります。そのため、貯蓄性保険は、あせってすぐに解約しないほうが得策です。

保険は加入していないけど、今ある老後資金では、死後事務に関する費用の捻出に不安がある。だから、死後事務費用として保険を検討したいけど、生命保険は高齢だから無理かな、とお考えの方には、少額短期保険の検討をお勧めします。

少額短期保険とは、一定の事業規模の範囲で取り扱う保険金額が「少額」で、保険期間が「短期」（生保医療分野は1年、損保分野は2年以内）での保険契約だけを引き受ける保険です。

その中で、**「葬儀保険」といった商品名で販売されているものを検討してはいかがでしょうか。**

中には85歳まで加入できるものがありますし、葬儀費用や死後事務を委任する人に、その費用分だけを保険で支払う方法などがあります。

掛け捨てですが、比較的生活資金への負担が少なくて済むものが多いと思います。

ここまでお話ししたことは、現在年金を受給している方々を中心とした内容です。

ご自分の死後事務委任などをお考えになっている方は、一定の年齢に到達されている方が多いのだと思います。

しかし、「親のことが心配」や「自分がおひとりさま」ということで、まだ働いている方でも、相談に来られることが多いため、これまでお話ししたことに加えて説明していきます。

年金と保険という視点で、老後の資金を考えよう

「2000万円問題」については、この本の中でも何度か述べていますが、これが問題となった金融庁が作成したレポートで本来述べていることは、「今働いている人たちが老後を考えると、2000万円ぐらいは必要だろう」ということです。

したがって、現在高齢の方が心配することではなく、現役世代の方々が考えていかねばならないことなのです。

そして、現役世代は、今から手を打つ術を知り、対策を実行することが大切なのです。

現役世代の方が自身の老後の生活資金を考えていくには、3つほど区分して考えていくべきです。

◉年金制度の変化◉

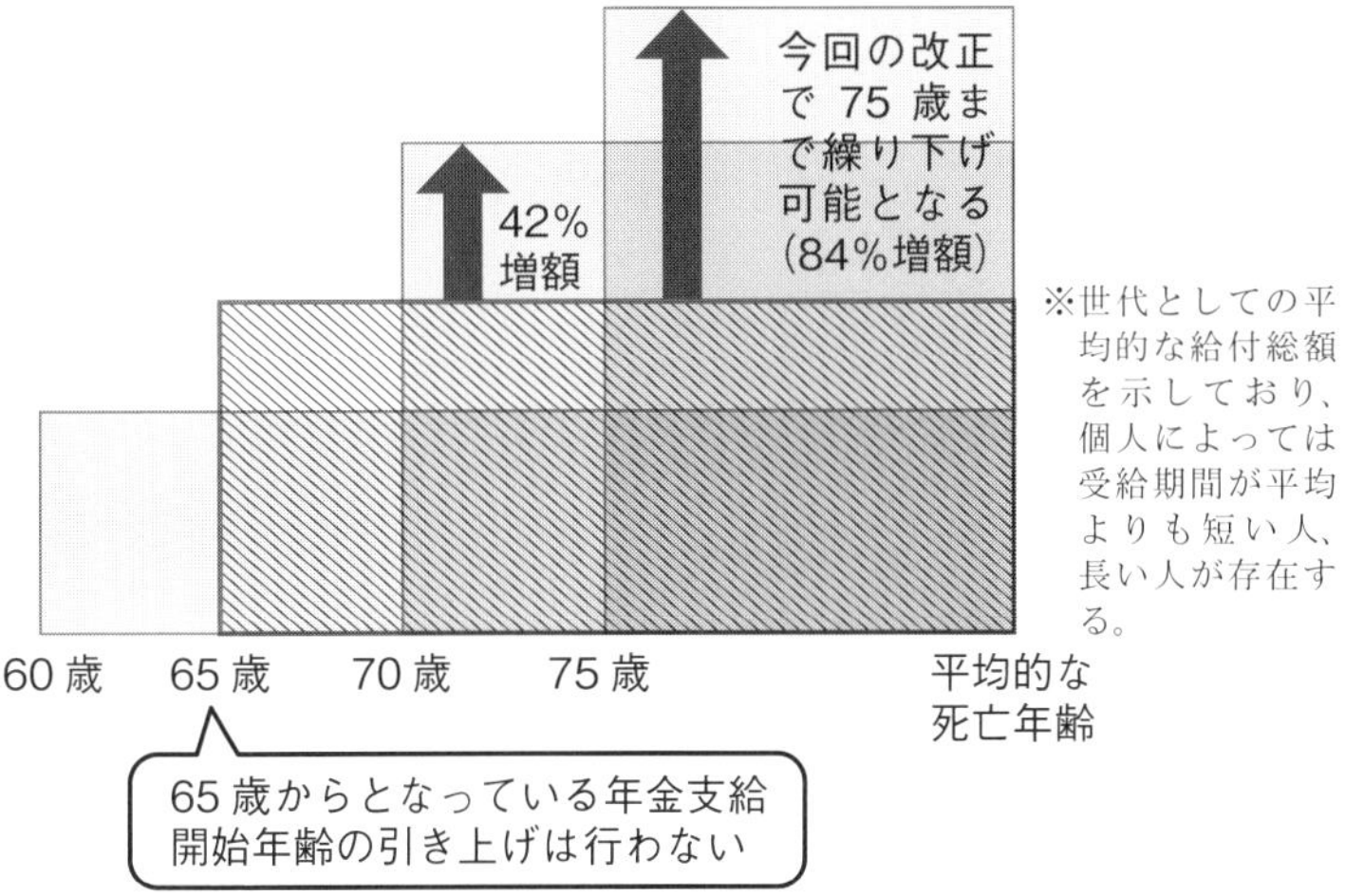

今回の改正で75歳まで繰り下げ可能となる(84%増額)
※世代としての平均的な給付総額を示しており、個人によっては受給期間が平均よりも短い人、長い人が存在する。

平均的な死亡年齢
65歳からとなっている年金支給開始年齢の引き上げは行わない

（参考）繰上げ・繰下げによる減額・増額率

減額率・増額率は請求時点（月単位）に応じて計算される。

・繰上げ減額率＝0.5%× 繰り上げた月数（60 ～ 64 歳）

※繰上げ減額率は令和 4 年 4 月 1 日以降、60 歳に到達する方を対象として、1 月あたり 0.4%に改正予定。

・繰下げ増額率＝0.7%× 繰り下げた月数（66 ～ 75 歳）

請求時の年齢	60歳	61歳	62歳	63歳	64歳	65歳	66歳	67歳	68歳	69歳
減額・増額率(改正後)	70%(76%)	76%(80.8%)	82%(85.6%)	88%(90.4%)	94%(95.2%)	100%	108.4%	116.8%	125.2%	133.6%
請求時の年齢	70歳	71歳	72歳	73歳	74歳	75歳				
減額・増額率(改正後)	142%	150.4%	158.8%	167.2%	175.6%	184%				

出典：厚生労働省「年金制度改正法の概要」

①公的保障（年金）**＋②自己資金**（現金・預金・投資）**＋③私的保障**（保険）の３つで２０００万円を目指すことが必要です（ここでは、２０００万円を前提として話を進めますが、老後に２０００万円がほんとうに必要か、もっと必要なのかは人それぞれなので、あくまでも一つの目安として、２０００万円を前提として話を進めます）。

まず年金について、将来どのくらい自分がもらえるのかを確認することが大切です。

ある一定の年齢になれば、「ねんきん定期便」といって、あなたが納めた保険料納付状況などを確認できる通知が、日本年金機構から送られてきます。

この通知で、未納となっている期間などの確認ができます。

未納期間があるとその分年金支給額は減額されてしまいます。未納がある場合は、それが追納できるかどうか、相談してみることをお勧めします。

また、「ねんきんネット」にユーザ登録すると、定期便と同様の内容の他に、年金見込額の試算などもできるサイトが利用できますので、これらを活用して、将来受給できそうな額を調べておきましょう。

年金は、受給を開始すれば、自分が亡くなるまで受給できます。

この年金額を想定せずに、２０００万円を自己資金だけで何とか貯めようとするのは、かなりの無理が生じます。今の生活を切り詰める必要がありますし、さらに相当な時間がかかることでしょう。

自己資金や保険で準備するには、どのくらいの額が必要なのかを考えていく鍵となるのが年金の額ですから、しっかりと把握することをお勧めします。

次に２０００万円－年金見込額で算出された残り額を、②の自己資金で到達可能なのかどうかを考えていきましょう。

今の収入と現在の支出を計算すれば、貯金ができるのかどうかがわかります。また支出の見直しをすれば、貯金がつくれそうだ、などと計画が立てられます。

後は、働く期間がこれからどのくらいなのかを計算していけば、自己資金がどのくらい残せそうなのか、想定できます。

①＋②で、２０００万円が確保できそうだということであれば、ひとまず安心です。

しかしながら、これから先のリスクとして、病気になって働けない期間などが生じる可能性もありますので、そのことを踏まえて、③の保険加入をお勧めします。

老後に2000万円が必要だから、ある一定年齢に達したときに、2000万円が解約金としてもらえるような保険商品は、それなりに保険料も高くなります。

しかしそれは、「年金＋自己資金＋保険＝2000万円」という考え方からすると必要以上の保険に加入することになりますので、お勧めではありません。

それから、貯蓄性保険で退職時に解約返戻金を受け取れるような保険以外にも、病気で就労が不能になったときに備える保険や、介護が必要になったときに備える保険などがあります。

ある一定の年齢になって、働けなくなったときに解約返戻金を受け取るような商品は、比較的高額な商品となります。先ほど述べたような介護保険などは、ある一定期間だけに必要になる保険ですから、その期間を見定めて保険契約を行えば、介護が必要になった際の備えになります。

それは、高額な保険商品よりも費用負担を少なくすることにつながるかもしれません。

現役世代は、保険をさまざまに組み合わせることで、多種多様な老後対策を講じることができます。

大事なことは、老後にお金はいくら必要で、その総額をどのようにカバーしていくのかという視点です。

「介護が大事だから保険に加入する」「退職時に、老後資金のために保険に加入する」と見通しもなく積み上げで考えていくと、不必要な保険加入をしてみたり、今の生活の切り詰めにつながっていくかもしれません。

あくまでも「終活」は、「自分の終わりを考えて、今をよりよく生きる活動」ですから、今を不幸にしてしまうようなことは避けたほうがよいと思います。

老後資金を投資でつくる⁉

金融庁のレポートでは、自己資金の部分において、投資をすることを勧めています。理由は簡単ですね。貯金をしていても利息がほぼ付かない昨今の金利状況では、お金がお金を生むことにならないからです。せっかく貯めたお金にも働いてもらいましょう、ということです。

しかしながら、いきなり株式投資を始めるというのは、なかなか勇気がいるでしょう。

最近は、個人型確定拠出年金（通称iDeCo「イデコ」）など、比較的わかりやすく投資ができる制度があります。利用を促すための税制優遇などを設けています。

将来のためだけではなく、現在受けることができるメリット（年末調整で税金の戻りが大きくなる）も準備されていますので、これらを総合して2000万円を目標に頑張ってみてはいかがでしょうか。

高齢の相談者の中には、こんなお話をされた方もいます。

「私はひとり身で、自由に暮らしてきたし、それでよかったと思っている。だから、貯金もあまり持っていない。それを今、少しだけ後悔している。もう少し早くこんな相談をしておけばよかった」

ある年齢に到達してしまえば、できることは限られますが、その人に合った老後生活や死後事務委任の在り方を考えていくことはできると思います。

ただそれが、それまでの自由な生き方を制限するようなことになるかもしれません。

現役世代の人は、その意味において、たくさんの選択肢があります。準備をしておけば、自由な生き方を最後まで謳歌できる可能性が高いことは間違いありません。

私は、終活を40~50代で始めるのが一番よいと考えます。

そうすれば、親のことも考えることができるのではないかと思うからです。

一度、死後事務でどんなことが生じるのかを、親御さんのケースで想定しておけば、自分のときはどうすればよいか、戸惑うことはないはずです。

◉おひとりさまの終活チェックシート◉

■これからの住まい

現在のお住まいを終の棲家にしようと思いますか　はい／いいえ

□リフォームを考えている

□夫婦ふたりでマンションに住む

□三世帯で住みたい

□施設（有料老人ホーム・サービス付き高齢者住宅）

□他

（　　　　　　　　　　　　）

■相続・遺言

□自分には相続は関係ないと思っている

□自分の相続人が誰なのかわかっている

□ある程度財産の相続をどのようにするのか考えている

□遺言書を書いている

■お金のこと

□自分の貯金、預金額を把握している

□家計簿をつけている（お小遣いを気にして使っている）

□加入している生命保険の受取人を知っている

□貸金庫などに入っているものを家族や親族が知っている

□年金手帳をきちんと管理している

□遺族年金はどんな場合に誰がもらえるか知っている

■お葬式・供養

□お葬式の一般的な費用はどのくらいか想像がつく

□喪主になってもらいたい人がいる

□葬式の事前相談をしている

□ご自身の家の宗旨宗派を知っている

□手元供養や海洋散骨を知っている

□葬儀、供養の意味と意義を知っている

■片付け

□「もったいない」と思い、不要だと理解していても保管している

□「モノを大切に」と幼いころから教えられている

□贈られたものは捨てられない

□高価なものは捨てられない

□分別方法などわからず面倒だ

□最近荷物が増えている

□不要なものの処分に困っている

■医療・介護

□かかりつけの病院を家族や親族に知らせている

□介護保険制度について、ある程度理解している

□ご自身や家族が介護状態になったときの方針を家族で話題にしたことがある

□もしも認知症など自分で物事の判断ができなくなった場合に備え、成年後見や民事信託などのことを考えたことがある

1. 病名も余命もすべて告知して欲しいですか
はい／いいえ
2. 延命治療は行って欲しいですか
はい／いいえ
痛みだけをとって欲しいなどのご要望

（　　　　　　　　　　　　）

3. 最期を迎える場所はどちらがよいですか

□病院　□ホスピス　□自宅

□介護施設　□家族に任せる　□他

（　　　　　　　　　　　　）

第 7 章

死後事務委任で、迷惑をかけないおひとりさまになろう

「自分らしい最期」は死後事務委任で解決

いよいよこの本の主題である死後事務委任契約についてです。

ここまで、おひとりさまが終活を行う際、どんなお困りごとがあるのか、それぞれの場面でお話をしてきました。

終活は、「自分の終焉を考えることで、自分を見つめ直し、今をよりよく、自分らしく生きる活動」のことをいいます。

人は、病気になったり、怪我をしたりしながら、年齢を重ねるごとに体力低下と判断力低下を重ね、最後に終末を迎えるものです。

その中で「困りごと」は、それぞれの場面で考えておかなければならないのです。

これまで、生きている間のお困りごととして、病気、介護、認知症、お金のことについて述べてきました。

これらは亡くなるまでに、越えていかなければならない過程の話です。この過程において手順を踏んでいかないと、死後事務まで到達できません。

死に至るまでに、リスク対策を講じて、最後まで「自分らしくあり続けることを目指す」ということです。

このように考えていかないと、ひとり暮らしで自由を謳歌してきた人生を最期まで、まっとうすることはできないかもしれないと、ストレスを感じることになるのだと思います。

前置きはこのくらいとして、あなたが亡くなった後、あなたらしくあることを実現する方策として、「死後事務委任契約」を詳しくお話ししていきます。

あわせて、私が終活をサポートした実際の例も紹介してまいりましょう。

死後事務委任契約は誰に頼めばいいの？

死後事務委任とは、委任者が、親族以外の受任者である者に対して、自分が亡くなった後の手続き（葬儀、火葬、納骨等の葬送、その他の必要な諸手続き）をすることを委託する契約です。

通常であれば、身近な親族が中心となって、必要な事柄にそれぞれの専門家や業者が協力して進めていくことになるのでしょうが、理由があって親族以外の第三者に頼らざるを得ない場合、力になってくれる仕組みです。

死後事務委任契約の前提をまずお話しします。

①契約を行うのは、元気なときにご本人と請負者が締結

②契約の効力と請負者の義務が発生するのは、契約者本人が亡くなった時点から

③請負者が義務を履行し、完了した時点で、対価を支払う義務が契約者に発生する

おわかりになると思いますが、**対価を支払う義務が発生する時点では、すでに契約者（あなたのことです）が死亡しているので、対価を支払う資金は、契約者の遺産から第三者（遺族・親族、または別の誰か）が代わりに支払います。**

例えば、死亡後に、法定相続人がいないケースで、残った財産を誰かに遺贈するといった場合は、遺贈を受ける人や、遺贈する手続きをする法律家が行うといった形がベターだと思います。

請負者が遺産の遺贈（もしくは寄付）などを行うことも可能です。

契約の中に、請負者が履行すべき義務の内容を詳しく述べ、その支払い方法を書き込んでいたとしても、実際には、契約者の遺産を請負者が勝手に動かすことはできませんので、死後事務委任契約と遺言書が必要になることは言うまでもありません。

また、契約書を交わしたとしても、将来いつ、契約の効力・義務が発生するかは不明なままです（あなたがいつ亡くなるかは、当然、誰もわかりません）。

仮に、契約者（あなた）が亡くなったことを請負者が知ることができずにいたとすれば、請負者は義務を履行することができないことになります。

したがって、必ず死亡通知が請負者に届くようにするところまで含め、検討しておかなければならないのです。

この本の中でふれてきたように、病気で入院した、施設に入って転居したなどの場合でも、請負者と連絡が取れる方策を考えておく必要があるのです。

つまり遺言作成や、成年後見制度の利用、身元保証などのサービスを含めて総合的な取りまとめが必要となります。

ただ、これらがすべてセットにならないと死後事務委任契約は結べないということはありません。お一人おひとりによって違います。置かれている状況も違いますし、死後事務委任契約だけを締結したという例もあります。

死後事務委任契約でできること

字句の通りですが、死後に関することはすべて契約で網羅することはできます。ただし、請負者が民間団体や企業、個人であれば、法律的な手続きや税務の手続きなどを行うことはできませんので、そのような分野の事務処理が必要な場合は、士業の方と連携して対応することとなります。

具体的には、葬儀施工の手配、管理、執行、代金の支払いから始まり、電気や水道などの停止手続き、年金支給停止、健康保険の停止など、さまざまな手続きから納骨や散骨まで代理執行することが可能です。

相続に関すること、寄付などの遺産の分配や、使っている銀行口座の解約などは、司法書士や、弁護士の法律家の方に携わってもらいます。

また、**不動産の登記変更手続きや、相続税の申告など、税理士にお願いする業務**

は、多岐に渡るものですから、一つひとつをそれぞれの専門家と個別で委託するよりも、一つの窓口として、依頼するほうが便利でしょう。

民間団体などが死後事務委任契約の請負を行っている場合は、このような法律家の方と一緒に対応してもらえるので、その点では安心して任せられると思います。

こうしたサービスを展開している団体や企業では、身元保証サービス、見守りサービスなどをパッケージして商品化していますし、全国展開している事業者も存在しています。ただ、全国展開しているような事業者の中には、その地域の実情をよくわからない（例えば、地元の葬儀社のことがわからない）などのこともありますし、地域によっては、サービスを行っている事業者が存在しないなどもあると思われます。

読者の皆さんの中で、お住まいになっている場所はどうなのかという心配をされる方がいましたら、ぜひ私に連絡をしていただければと思います。

私が取得している終活カウンセラーの資格をもっている方が全国にいます。その方と連絡をとって実際に相談にのってもらい、何かお手伝いできることがあるかもしれません。

◉充実したトータルサポート例◉

契約締結後に代理人が一括対応

役所での諸手続き

世帯主の変更届を死亡から14日以内に市区町村の戸籍・住民登録窓口に提出します。故人が3人以上の世帯主であった場合に必要です。年金・健康保険や介護保険などの資格喪失手続きを行います。

葬儀・埋葬

生前にご希望のあった方法で葬儀を行う取り決めをさせていただき、生前葬儀請負契約を作成いたします。また、納骨などのご希望の場合には、埋葬などについても行うことができます。契約時に契約料をお支払いいただきます。実費は、実際の契約実行時に精算を行います。

遺品整理（片付け）

故人様が生前に生活していた住居の遺品整理・片付けをお手伝いいたします。

最期のお別れをお手伝いするプロフェッショナルが“故人様の想い”“ご遺族の想い”を大事にしながら遺品整理・片付けをいたします。

各種契約の解釈・精算

入院・入居費の精算、解約などの諸手続きを行います。

大家・不動産会社への連絡をとり、解約と住居の明け渡し、家賃・敷金の精算などを行います。

水道・ガス・電気等の公共サービスの他、インターネット、新聞、電話などの解約・精算手続きを行います。

遺産相続手続き

遺言書が存在することで相続手続きをスムーズに進めることができます。死後事務委任契約を締結しても、遺族の意向などで思い通りにならない場合があるかもしれません。上手く遺言を活用することで、自分の“想い”を実現できるようになると考えます。

遺言書作成については、司法書士と連携しながらご相談に応じ、最終的には公正証書遺言作成をさせていただきます。

◉こんな「不安」ありませんか？◉

- ☑身寄りがいないので、お葬式、供養をお願いできる人がいない……
- ☑遠方に住んでいる、または高齢な親族に負担をかけたくはない……
- ☑もしもの時に近所や大家さんに迷惑をかけたくない……
- ☑親族と仲が良くないので頼みにくい……
- ☑自分が亡くなった後、友人や知人に連絡をして欲しい……
- ☑相続人はいるが頼りたくない。信頼できる人に葬儀を頼みたい……
- ☑家族の心労や経済的負担を減らしてあげたい……
- ☑自分が亡くなった後の手続きについて予め決めておきたい……
- ☑家財や身の回りの品の処分をお願いしたい……

◉後見・終活関連の流れ◉

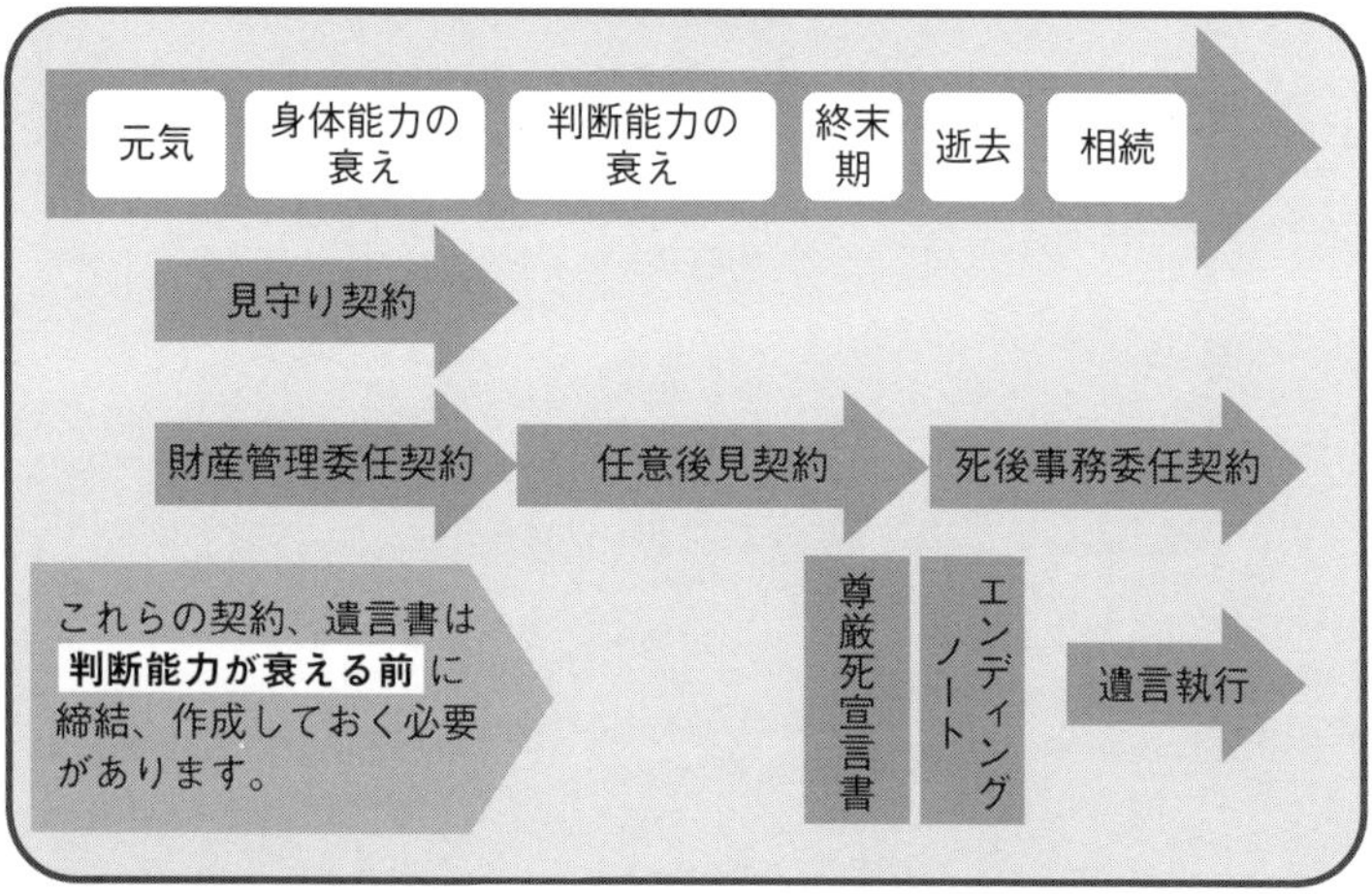

契約は、どうやって進めていくの？

死後事務委任を依頼するのであれば、サービスを行っている事業者に個別相談にのってもらうのが一番手っ取り早いことは間違いありません。

依頼内容をヒアリングして、最適な内容を提案してくれます。ただ、私がお勧めするのは、**まずは終活セミナーなどに参加して、勉強することから始めることです。いきなり契約締結を前提とした相談よりも、勉強会に参加することで自分にふさわしいサービスの内容が、より具体的にイメージできることでしょう。**

また、ご自身は、「私はおひとりさま」と思っているかもしれませんが、親族が存在するのであれば、その方とも勉強した内容を話してみることも必要かと思います。

第三者を頼ればお金がかかりますが、親族が協力してもらえるのであれば、費用負担は軽減できます。何でもかんでも第三者を頼るのは、老後資金に不安要素となります。

　したがって、ある程度でよいのでここは親族に相談してみよう。この部分は契約で第三者に頼もう、というような区分をしていくことも必要です。

　どうしても、いきなり契約前提の相談をすると、「頼まないといけないかな」という気持ちが働くので、ご自身で区分を考えて、相談に臨んでください。

実際に、具体的な契約相談を開始しても、短期間で契約を結ばないことも大切です。

　じっくりと相手の話を聞いてみることです。そして、相談をしたその場で話を決めず、まずは家に持って帰って検討する。新たな疑問点が出てきたら、また連絡をして相談をする、ということを繰り返すことがよいでしょう。

　私の場合では、大体契約を結ぶには、短くても3カ月です。長い人だと3年ぐらい相談をして、契約をした方もいらっしゃいます。3年はかかりすぎだと思いますが、1年ぐらいかかるのは当たり前ぐらいの気持ちで、じっくり考えるのがよいのではないでしょうか。

　さて、ここからは、私がサポートした実例を5つ紹介します。

事例

1 誰に頼るか、3年間も決められなかった80歳の男性

Aさんは、私にとって一番印象に残っている方です。

きっかけは、この方を担当していた介護サービスのケアマネジャーさんからの連絡でした。

「遺言書を書いて、相続人を指定していたのですが、その人が亡くなったので、どうすればいいかわからず、困っています」

そんな内容でした。

詳しく話を聞いてみると、当時、Aさんは独り身でした。80歳で、10年ほど前に奥様がお亡くなりになり、子どもはいません。

そのうえ、心臓が悪いということで、入退院を繰り返すような状況でした。

兄弟姉妹はいないので、関西方面に住んでいる従兄弟に、自分が亡くなった後をお

願いしていました。遺言書を書き、従兄弟に財産を相続してもらい、死後を託していたのですが、その従兄弟が先に亡くなったのです。

「この遺言書はどうなるのか。従兄弟には子どもがいるけど、この遺言書でその子が相続することになるのか」とAさんに聞かれました。

「今の遺言書のままでは、従兄弟さんのお子さんには、相続の権利は発生しませんよ」という返答をしましたが、兄弟姉妹がいない状況で、頼れる人は存在しないのであれば、新しい遺言書を作って、今の遺言書を無効にして、従兄弟のお子さんに死後を託すのも一つの手ではないかと私は考え、提案しました。

しかし、「従兄弟の子どもとは面識ないから嫌だ」との返答。

こうしたやり取りから、Aさんとの相談が始まりました。

「あなたに頼んだら、葬儀の世話はしてくれるのかな。私の望みは、火葬して骨を納骨してもらうことだけ。墓は故郷の鹿児島にあるから、納骨しにいって欲しい。これだけやってくれたら、遺産はどうしてもらっても構わない」

このような要望を叶えることと、相続をスムーズに進めていくことを念頭に、相談を重ねました。先ほど契約を結ぶのに、長くかかったのが3年と述べましたが、このAさんとの契約までにかかった時間です。

この方の財産を引き継いでもらえそうな親族の方を探すのに半年ぐらいかかりました。しかし、結局、話はまとまらず……。

自ら「天涯孤独」だとずっと言っていたため、情報がなかなか引き出せずにいましたが、手紙をやり取りしている奥様の姪御さんがいました（奥様はすでに亡くなっています）。その方とは定期的なやり取りをしていることがわかったので、この方にお願いしたらどうかと、Aさんを説得するのに約1年。

その後、心臓病が悪化して、また入院。「このまま死んだらどうしたらいいのか」とAさんが不安だけを訴える日が続きます。

ようやく姪御さんにAさんの元に来てもらい、一緒に相談するまでに約1年。

相談を終えたけど、やっぱり姪御さんには迷惑をかけられない、頼めないとAさんが言い始めて、これを説得するのに、さらに半年間。

3年かけてようやく契約と遺言書作成を行いました。死後事務については、納骨までは私が行い、後は姪御さん自ら行うとのことで決着しました。

途中、もう面倒を見切れないと何度も思いもしましたが、ようやくの契約締結でした。

契約から約3年を経過したときに、姪御さんから連絡があり、お亡くなりになったとのことでした。葬儀施工を行い、火葬後、その足で鹿児島にあるお墓に向かいました。

墓地管理者の立ち合いの元、お墓を開けてみたところ、骨箱と一緒に遺影が納められていました。先立たれた奥様の遺影でした。写真には、手紙が添えられていました。かなりボロボロになっていましたが、その手紙を拝見させてもらいました。Aさんが奥様宛に書かれたものでした。

想像するに、奥様を納骨するときに、したためた手紙です。契約までの3年間は、なかなかの頑固おやじで大変な方だと思っていましたが、手紙を見ながら、泣けて仕方がなかったです。この仕事をしていて良かったと思った時でした。

事例

2 数十年間、音信不通だった父親の死後事務を引き受けた40歳の女性

「父親の葬式の面倒をみてもらえますか？」

相談者のBさんからの相談の第一声です。

普通にお葬式を考えているのならば、葬儀社に依頼すればよいのになあ。そんなことを思いながら、Bさんとの相談を開始しました。

自分が小さい頃に、両親が離婚をしたBさん。母親と暮らしていましたが、母は数年前に他界。

ひとり暮らしで、父親とは音信不通だったのですが、ある日突然、とある病院から連絡を受けました。

「あなたのお父さんが危篤状態で緊急入院しました。お父さんの戸籍を調べていたら、相続人があなただとわかったので連絡しました。病院にかかった費用などもある

ので、身元保証人になってください」

離婚後の父親に会ったという記憶はBさんにはないので、

「ものすごく嫌な気持ちだったけど、他人様には迷惑をかけられない」

と思い、身元引受をしたそうです。

その後、お父さんは少し持ち直したとのことでした。

その機会に、父親のことを調べてみると、何だかよくわからない男性と同居している らしい。その同居人からは、父親にはお金を貸しているとか、得体の知れない話が出てきている。

そんなことで相談者は、一切かかわりを持ちたくないという気持ちが高まり、私のところに相談に来られました。

意向に従い、亡くなった場合の相続放棄を行う手続きと、死後事務契約は相談者と締結しました。

数カ月後にお父さんはお亡くなりになり、Bさんと交際者の男性の立ち合いで、簡単なお葬式を執り行い、火葬後は合同墓を紹介し、納骨を行いました。

病院から連絡をもらってからは不安な日が続いていたそうで、私との相談と同時に、交際相手の方とも相談されていたそうです。それがきっかけで関係が深まり、「もう少ししたら結婚する」と話されていました。

不安の解消がよいきっかけになったのだと思います。今でもきっと幸せに暮らしていらっしゃることでしょう。

事例

3

財産を寄付し、終活を見事にやりきった、天涯孤独の58歳男性

終活セミナーに参加される方は女性が圧倒的に多く、男性はまばらです。男性でも高齢の方が多い中で、58歳という年齢は若く、「珍しいなあ」と参加者名簿を見たとき、思いました。

セミナー終了後に残られて、相談したいことがあるとのことで、お話を聞きました。終活セミナーに参加されたCさんです。

Cさんは独身。ひとりっ子で、両親はともに他界。天涯孤独の身。病気が判明し、余命告知を受けたばかりということでした。

「自分の後始末をしなければならない。手伝って欲しい」という相談内容でした。

余命告知を受け、Cさんは自分の資産である不動産の売却などし、資産の現金化を進めていました。

財産は生前に社会福祉団体に寄付しようと思う。誰も面倒をみてくれる人がいないから、遺体は火葬して、遺骨は廃棄して欲しい。そうした費用は生命保険に加入しているから、そこから捻出できないか、ということでした。

保険金の受取人は本人となっている契約でしたので、保険金請求などを法律家の方にお願いしました。

入金後の費用の支出などは、遺言書作成を行うためのスキームを作成し、死後事務委任契約を締結しました。

1年後にお亡くなりになりましたが、契約内容を入院先の病院の方とも連絡を定期的に取ることで、スムーズな業務が行うことができました。

私が天涯孤独の方と会ったのは、このときが初めてでした。人間ひとりで生まれてくるわけではないので、どこかに親族が存在していると私は思っていましたが、この方と出会い、初めてそうではないことがわかりました。

思い込みはよくないことだと、再度認識させられました。

事例

4 自分の葬儀は、自分で決めておきたい70代の男性

「自分の葬儀は自分の思い通りにやりたいんだけどねえ」という電話がありました。相談したいから、今から事務所に行くからよろしく、と。

事務所にやってきたDさんは、ご自分の葬儀はこんな風にしたい、と書面にされていました。葬儀を行う場所、葬儀に参列される方の名簿、納骨する場所など、何もかもほぼ完璧に整理されていました。「これでいくらかかるのかね。心配事は葬儀費用がいくらかかるかだけなのよ」といった感じです。

ご家族の状況をお聞きすると、奥様は存命。娘さんが2人いてすでに結婚。孫もいる。とても楽しそうに話をされます。娘さんもいるし、これだけしっかり整理されているのであれば、この書面を遺族に渡せば、そのままできるのではないですか、と尋ねました。

「死んだら、自分ではわからない。葬儀社のいいなりになって違うことをするかもしれないので、あらかじめ決めておきたいのよ」とDさん。

それに奥様に、いろいろと葬儀のことで決め事をさせるのは忍びない、とのことでしたので、生前葬儀契約だけを締結することになりました。後日、契約者の奥様に立ち会っていただき、契約内容の確認をして、契約書を交わしていました。

その後はDさんから「自分が死んだ後は、妻の葬儀の面倒をみて欲しい」と相談されました。奥様は「何でも自分で決めておかないと気が済まない人なんで……」とぼやきながら、Dさんに話を合わせます。すると、自然と奥様の希望される葬儀の内容まで話が進み、そちらも生前葬儀契約を結ぶことになりました。

契約後、すでに10年は経過しますが、今でもご夫婦ともに、元気にしていらっしゃるようです。旦那さんのほうは足腰が弱くなったと、弱気なことを言っておられますが、毎年年賀状を頂戴しています。直近の年賀状では、「想定外に長生きしています」とちょっとユーモアのある一言が添えられていました。

いつまでもお元気でいらしていただきたいと思います。

事例

5 夫に先立たれて、子どもと疎遠な72歳の女性

Eさんとの出会いは終活セミナーでした。その後、お電話をいただき、具体的な相談に入りました。

結婚をされて、旦那さんの実家に暮らしていて、お子さんが生まれた頃に、旦那さんが急死してしまったそうです。

その後、義両親の態度がそれまでとはまったく違ったものとなり、旦那さんの実家には居づらくなって、故郷に戻ってきたそうです。

旦那さんの財産を受け取らせてもらえないなどの苦労も多かったようです。自分は必死に働いて子どもを育てたつもりだけど、だんだんと子どもがEさんのいうことを聞かなくなって、ある日突然、家を出ていった、とのこと。

この親子間には、いろいろと思うところがあるのでしょう。Eさんは一方的に子ど

もの在り方を批判するばかりでした。

「あの子は、私が死ぬのを待っている。私の財産を奪えると思っているから。そんな子に私が死んだ後の面倒をみてもらいたくない」とかなり激しい言葉でした。それがEさんの意向でした。

ただ、「奪う」とか「渡す」とかいう言葉で感情を表現したとしても、実際にEさんの財産を継承するのは、お子さんであることは間違いがないわけです。

遺言書を書いて、お子さんに財産を渡さないと決めたとしても、お子さんには遺留分を請求する権利もあるので、私たち死後事務を請け負う立場からすると、Eさんが亡くなった後に、相続人であるお子さんとトラブルが起こる可能性が高いので、厄介な事案になることが予想されます。

そこでEさんとも、お子さんを上手く「使う」（言葉の表現です）ように話を進め、お子さんに相続させるのは、特定された財産だけにする、としました。

遺言執行者は法律家。葬儀は生前葬儀契約書通りに施工することを法律家が監督するという内容にし、遺言書として作成。

葬儀内容も希望通りに、お子さんを呼ばない。火葬後のお骨は廃棄する内容で、契約を締結しました。

契約締結し、7年目を経過したときに、Eさんより連絡があり、お子さんが事故で亡くなったとのことでした。

そこで、再度遺言書の作成を行い、お子さんの相続部分を消滅させました。死後事務を請け負い、費用を支払った後の残った財産は、特定団体に寄付することにしました。

現在Eさんは、ひとりで暮らしているのですが、病院に行ったところ、認知症の症状があるとのことで、現在は、遺言執行者と介護サービス事業者と連携して、成年後見制度を利用する準備を進めているところです。

自分にはできない死後の始末

実例を挙げさせてもらいました。いかがだったでしょう。

亡くなった後には、誰かに世話にならないといけないわけです。

世話になる人がいるのであれば、死後事務委任の締結はそれほど心配することもなく、あまり考えなくてもよい話です。

世話になりたくない人にお世話になることで、苦痛を訴える人。

お世話をしたくないけど、世話をしなければならないため、釈然としない人。

世話をしてくれる人を見つけることができずに、不安な人。

世話をしてもらえるのだけど、それが忍びないと感じる人。

「死んだら終わり」と何もしない人。

百人いれば百通りなのでしょう。どれが正解ということはないのだと思います。

ただ、誰かに世話になるのであれば、「迷惑をかけるのは嫌だ」という感情だけは少し横に置いていただいたほうがよいと思います。この感情を取り除く作業はとても大切なことなのだと思います。

自由に暮らしていくことがよい暮らしと考えて生きてきたことに対して、「誰かの世話になる」ということは、今までの生き方と違うので、ストレスがたまるものでしょう。

「お互いさま」という言葉にある通りで、それぞれの立場で言いたいことを言い合ってしまうと、お互いすっきりします。なかなか争いごとにはなりません。

私の実家で祖父が亡くなったときに、相続で「争族」になった経験からすると、「お互いさま」の精神は必要なことだと思います。もちろん、ただ、やりたいようにやるのではなく、どこかで妥協が必要なのかもしれません。

ここまではいいけれど、それ以上は譲れないみたいなラインを考えながら、100点満点を狙うのでなく、80点ぐらいを目指して死後事務委任契約を考えていくと、上手くいくのかもしれませんね。

死後事務委任では資産の開示は必要!?

死後事務委任契約で、「自分の死後を誰かに託す」ということは、重大な決断であることは間違いありません。

ある意味では、自分の死後に自分の姿（財産やその他の物）を全部さらして、ひっくるめて整理を依頼するわけですから、それを託す相手への信頼もさることながら、自分のプライバシーを公開することに、抵抗を感じてしまう人がいるのも当然のことでしょう。

「財産に関することをすべて教える必要があるのでしょうか？」と終活セミナーの受講生から質問がありました。

死後事務委任を行わずに、身近な親族に死後の手続きを行ってもらうのであれば、事前に資産状況を親族にすべて開示していなくても、事は進んでいくでしょう。

こんな話をしている私自身も、親の資産をすべて知っているわけでもありません。親が亡くなり、相続が開始されて、初めて全貌を知るということになると思います。

これが普通の状態だとすると、死後事務委任を依頼する際に、資産開示を行うことは異常であると感じられるのではないでしょうか。

しかしながら、**死後事務委任を行うのであれば、契約締結の際に資産開示は必要（必然）だと考えます。**ただし、個別の場合によって、開示する程度に違いはあるとは思いますが、知らないとできないことも出てくるし、予定通りに進まない（契約通りに実行できない）ということも起こり得ます。

理由は、受任する側の報酬やさまざまな事柄に発生する費用は、委任者の遺産から捻出されるわけですから、遺産があるのかどうか（死後の資産が残っていそうかどうか）を把握することは必要です。

また、契約を締結し、委任者が亡くなるまでは、生活をしていく中で起こり得る事柄が関係するからです。

例えば、認知症を患ってしまい、法定後見人を立てて本人の財産管理を行うことになれば、本人が他人に資産を教えたくないと思っていても、財産保護の観点から、法定後見人は資産状況を把握しなければならないわけですから、必然的に開示されてしまいます。

このような契約は、本人が元気なときに締結する必要があります。遺言書と同様に、本人の意思や判断能力の有無が、効力の有無に直結するからです。でも元気なときは、何でも自分でできるわけですから、自らの意思で資産を開示するのに抵抗を感じるということは理解できます。個人情報保護という観点もあるでしょう。

死後事務委任を行う目的は、自分の後始末を、自分の思い通りに、かつスマートに行うためです。

個人情報保護やプライバシーにおける本人の権利意思と、死後事務委任の目的達成のどちらに重点を置くかによって、答えは出てくるのではないでしょうか。

資産開示しなかったら、死後事務が滞る可能性は出てくるかもしれません。資産開示を行って、死後事務がスムーズに進み、「立つ鳥跡を濁さず」となることが重要と考えるのか、選択の問題なのだろうと思います。

第 8 章

遺言書、信託など、おひとりさまの味方になってくれる仕組みを知ろう

死後事務委任契約だけでは解消されない、さまざまな困りごと

ここまでお読みいただいて、ご理解いただけたと思いますが、終活とは何かを再度確認をしていきます。**終活とは「自分の終焉を考えて、今を自分らしく生きていくための活動」です。**

この本では、死後事務委任契約を中心として、おひとりさまが周りの人に迷惑をかけないために、どんな準備をしたらいいかについてお話ししてきました。

「自由に自分らしく生きてきたおひとりさま」が、これからも、そして亡くなった後も、周りの人から「あの人らしい生き方だったね」と言ってもらえるために、死後事務委任の必要性を感じていただけたと思います。

しかし、ただ死後事務委任だけを考えておけば安心というわけでもありません。

現在から、亡くなるまでの過程において、さまざまな障害（病気、介護、認知症など）

を乗り越えたのちに、死後事務委任があるということをこの本で言いたかったのです。

つまり、「最後まで自分らしくありたい」と望み、「葬儀・供養」だけを考えた「死後事務委任」では、それが実現できるかどうかは疑問です。障害をいかに乗り越えていくかの過程においても、検討が必要になってくるということなのです。

大切なことは「今の自分を知るというところから始めること」ではないでしょうか。

さまざまな障害は、これから起こるかどうかはわかりません。

これまでも何度も述べてきた通り、「ピンピンコロリ」ができるのであれば、「死後事務委任」だけをやっておけば問題は起こらないからです。

だけど、そうなるかどうかは不確実なので、リスク対策が欠かせないというわけです。

そして、**この本の中でふれてきた成年後見制度、遺言書、老後生活資金、保険、リバースモーゲージなどは、死後事務委任に到達していくまでのリスク対策として必要とされる制度や商品・サービスです。**

それらを利用しながら、円滑にそして確実に死後事務委任に到達することが、「最期まで自分らしく」、亡くなった後も「あの人らしい」と言ってもらえる、「周りに迷惑をかけない生き方」であると思います。

「はじめに」で、死んだら命の時計は止まるけど、足跡の時計は動き続けているとお話ししました。時計を止めることは、誰かにやってもらわないといけないのです。

皆さんにお伝えしたいことは、死後事務委任はさまざまな制度やサービスとセットで考えていくべきだ、ということです。つまりトータルコーディネートが必要なのです。それぞれの分野の専門家と個々に相談していくよりも、総合的な取りまとめができる人とまず相談してみることが大切でしょう。

私自身、大きな視野で俯瞰し、皆さん一人ひとりの立場に立って相談できる存在でありたいと思っています。

さて、この章では、これまで述べてきた「遺言書」、「成年後見制度」など、おひとりさまの味方になってくれる制度の活用について、さらに詳しくお話をしていきます。

身元保証サービスを知ろう

第4、6章でふれた身元保証サービスは、これからニーズが増加することが予想されます。

少し健康に不安が出てきたので、「もしものときに助けを求めやすい住まい」に転居を検討したとしましょう。その場所は、老人ホーム等の高齢者向け施設であったり、賃貸アパートでも構いません。このようなときに、身元保証人を求められるケースは多くなってきています。入院する場合も同様です。

とくに、賃貸アパートなどでは、身元保証人がいないことを理由に、高齢者の入居を拒否する場合もあるということがニュースになっていました。

身元保証サービスを行っているNPO団体や企業などは増えてきています。

身元保証を行うにあたり、契約当初に預り金を徴収し、その範囲内で保証を行うなど、さまざまな方法があります。身元保証と同時に、見守りサービスとして、定期的な安否確認を行うなどの内容が含まれていることも多いようです。

ただし、**気をつけないといけないことは、すべてのことに対して保証してくれるかどうかわからないので、安易に契約をせずに、サービス内容の詳細を確認する必要があります。**

例えば、賃貸アパートに住んでいて、入院や施設に入るほどではない軽度の認知症を患っているような場合、借りている物件に損害を生じさせるような事案が発生してしまったとします。

こんな場合、賃借人は損害補償を求めてきますが、身元保証している事業者と契約外の事案でしたら、何も対応をしてくれない可能性があります。

損害補償の費用は、契約者である本人が支払うのは仕方がないことですが、事業者にはしっかりと交渉などをしてもらわないと、せっかく身元保証をしてもらっているのに、あまり意味がないといえるかもしれません。

遺言書を知ろう

遺言書を残すことは、おひとりさまにとって必須事項であるとお話ししてきました。**遺言書の残し方は、公正証書遺言と自筆遺言の二通りがあります。**

自筆遺言は、自分自身で書き残すものですが、法律に定められた要件をしっかりと満たしていないと、遺言書として認められない場合があります。

遺言書は、専門家と一緒に作成し、公正証書の形で残すことがリスク対策となります。

ただし、当然、作成時に費用がかかります。

死後事務においては、自筆遺言よりも公正証書遺言のほうが、スムーズに事が進むことを覚えておいてください。

自筆遺言の場合は、検認という作業が必要になりますので、その分、死後事務においてひと手間かかります。

おひとりさまでも、親族などに死後事務を頼る場合はよいかもしれませんが、第三者に頼る場合は、公正証書のほうがベターであると言えます。

また遺言書を作成し、死後事務を第三者に依頼するけれど、法定相続人の存在がいる場合などは、法定相続人の遺留分への配慮などをした財産分与などを検討し、不公平感が出ない内容にすべきです。

また、遺言書には、遺産の配分や親権の確認などを書くことが定められていますが、付言事項として、なぜこんな遺言を残すかといった「想い」も書くことができます。

法定相続人がいる場合には、付言事項に「想い」を書き込むことをお勧めします。将来のトラブル回避に役立つものだと思います。

また、遺言執行人を定め、死後事務にかかる費用などを、自分の遺産から支払ってもらえるようにしておくとよいでしょう。

遺言書の書き方はいろいろとケースがありますので、少しだけご紹介します。

第7章で紹介した子どもと折り合いの悪いケースなどで、遺産を渡したくないけど、渡さないと仕方がない場合などは、遺産の中で銀行口座だけを指定して、金額を書かないことです。

その口座は、遺言者が生活しているお金の口座なので、水道光熱費などが引き落とされます。残高は変動しますので、最後にいくら相続させるかはわからないのです。

残りの遺産は、しっかりと何にいくら使うと書きこみなどをして、死後の対策をしっかりと行えるようになるわけです。

このように法律家と一緒に相談しながら進めることで、一人ひとりに合った遺言書の書き方を提案できると思います。

成年後見制度を知ろう

成年後見制度には、2つあるというお話をしました。**法定後見と任意後見です。**

法定後見は、認知症などで判断能力が衰えた人を支援するために、家庭裁判所が、その人にふさわしいと考える人を後見人に定める制度です。

後者の任意後見は、判断能力が衰える前に、自ら後見人になってもらう人を選び、実際に判断能力が衰えた場合に支援を頼む方法です。

自分らしく最期まで生きることを考えるのであれば、たとえ判断能力が衰えたとしても、自分が選んだ後見人には、自分の将来の在り方も事前に伝えることができるわけですから、法定後見で選任される後見人よりも親身になって、自分らしい在り方を追求してもらえることでしょう。

将来、ほんとうに必要になるかどうかはわからない任意後見人に報酬を支払うこと

に、抵抗感があることは理解できます。**しかし、リスク対策を講じることは大切なことなので、任意後見制度の利用をお勧めします。**

また、報酬の支払いを死後事務と同様に後払いにするなどの報酬額の設定は自由です。

後見人を依頼する方と相談しながら決めていけばよいでしょう。

成年後見制度は、第5章に詳しく解説しています。

戻ってお読みいただけると幸いです。

家族信託を知ろう

ここまでふれてこなかった「家族信託」という制度について説明します。新しい財産管理や相続対策の方法として注目されています。どんな制度なのか。どのような内容なのか。制度の概要や仕組みについてわかりやすく解説します。

家族信託とは「家族」に「信じて託す」制度

家族信託とは「家族に自分の財産を信じて託し、代わって管理してもらう制度」です。

家族に財産を託すことにより、「柔軟な財産管理、運用、処分」や、「自分の望むかたちの相続」が可能になります。

そもそも「信託」とは？

信託とは、財産を預けて運用、処分、管理してもらう制度の総称です。

ひとことで言ってしまうと「自分以外の人（会社）に財産のことをお任せする制度」になります。

わかりやすい例で説明しましょう。

お財布を1つ持っていました。管理してもらいたい預金や不動産を自分の財産から選んで、お財布の中に入れます。このお財布を、財産管理を担当してくれる人（会社）に「信じて託す」ことが信託です。

しかし、ただ財産を託すだけだと、予想外の事態に発展する可能性があります。託された人がお財布の中身を、託した人の意思に反して使ってしまうかもしれません。反対に、どう管理すればいいのか迷って、お財布を持ったまま途方に暮れてしまうかもしれません。

信託ではお財布の中身の管理、運用、処分について、ルールを設けます。

ルールは信託契約というかたちで、法律に反しない範囲で自由に決めることが可能です。信託は「ルールに沿って財産の管理をしてもらう方法」になります。

信託の登場人物は、委託者・受託者・受益者

信託という制度には、3人の登場人物が存在します。「委託者」「受託者」「受益者」の3人です。

1人目の登場人物：委託者（預ける人）
「委託者」は財産を信じて託す人です。たとえると、お財布を信じて預ける財産の持ち主になります。

2人目の登場人物：受託者（預かる人）
「受託者」は財産を預かって、管理、運用、処分などをする人です。たとえると、財産の入ったお財布を預かった人です。

3人目の登場人物：受益者（利益を受ける人）

「受益者」は財産の管理、運用、処分によって利益を受ける人です。

信託は、3人の登場人物の契約により成立します。

ただ、委託者（預ける人）と受益者（利益を受ける人）は兼任できます。

登場人物は基本的に3人ですが、委託者（預ける人）と受益者（利益を受ける人）が兼任の場合は登場人物が2人になることもあります。

たとえ話に登場した委託者が受託者にお財布を管理してもらうことでメリットを得ていたとします。この場合、財産入りのお財布を預けた人が委託者と受益者を兼ねていることになります。

信託の2つの種類「商事信託」と「民事信託」

信託には2つの種類があります。

一つは、信託銀行などの信託を受け付けている会社が行う信託です。もう一つは、人に託す信託になります。

前者は「商事信託」と呼ばれる信託です。会社が手数料をもらって商い的に行うため、商事信託という名前で呼ばれています。

主な登場人物は、会社に財産を預ける人や財産の管理、処分、運用を担当する会社です。

後者は「民事信託」といい、営利を目的としていません。

家族信託は民事信託の一種です。

家族信託は家族という「人」に託す信託になります。民事信託の中でも「家族という身近な人に託す信託」として「家族信託」という名前で呼ばれているのです。

家族信託の主な登場人物は、自分と自分の家族になります。お財布の管理を赤の他人や会社に託すのではなく、家族の中の誰かに信じて託すということです。

家族信託でどんなことができるのか？

家族に財産を信じて託すことに意味はあるのでしょうか。

信託に意味がないのなら、わざわざお財布を渡して管理してもらう意味がありません。財産を信じて託すと、どんなことができるのでしょうか。
家族信託によって、次のようなことが可能です。

①認知症になったときに財産管理をしてもらう
②相続トラブルを防ぐために相続対策できる
③遺言書や贈与では難しい柔軟な二次相続対策ができる
④判断力が低下したときの財産犯罪の防止策になる
⑤事業承継対策として使うことができる

家族信託は「もしものとき」に役に立つ仕組み

家族信託とは「家族を信じて財産（お財布）を預けて管理してもらう方法」です。

家族に財産管理を任せることによって、認知症対策や相続対策、事業承継対策、財産犯罪対策などができます。

家族信託は、困ったときの備えになる存在です。「このような財産管理をしたい」という希望を実現する制度でもあります。

家族信託の契約内容は、家族の事情にあわせて柔軟に決めることが可能です。

このように、**家族信託はおひとりさまでも、頼れそうな家族・親族がいる場合は、成年後見制度の代わりに利用を検討されると、利便性の高い制度だと思います。**

おわりに

最後までお読みいただきありがとうございました。

おひとりさまの死後事務委任について理解を深めていただけたのであれば幸いです。

この本を書きながら、ふと私が思ったことを最後に記します。

終活を行うにせよ、死後事務委任を検討するにせよ、その出発点は、「今の自分を知る」というところかなと思います。

自分のことなどわかっているつもりでいても、意外と見えていないのかもしれません。

自分自身、これまでの人生を振り返ると、実際に自分が置かれている状況などがよくわかっていなくて、迷路に迷い込んだような状況にあった時期もありました。そんなときは、会社の運営なんて上手くいかずに、散々な目にあっていました。

そのことから考えると、相談者の中にも、迷路から抜け出せず、もがいていた方もいらっしゃったように感じますし、その方の相談に十分に対応できたかという反省すべき点も多かったのかなと思います。

人生いろいろですから、これからも相談者一人ひとりの立場に立って考えていけば、今回お話しした以上の、より良い死後事務委任をアドバイスできるかもしれません。

いつかまた、そんなお話をする機会があればよいと思います。

2021年5月

終活カウンセラー協会認定終活講師　神田紀久男

おひとりさまの終活《しゅうかつ》
お困《こま》りごとは死後事務委任《しごじむいにん》で解決《かいけつ》

2021年7月19日　初版第1刷
2022年11月15日　　第2刷

著　者 ——— 神田紀久男《かんだきくお》
発行者 ——— 松島一樹
発行所 ——— 現代書林
〒162-0053　東京都新宿区原町3-61　桂ビル
TEL／代表　03(3205)8384
振替00140-7-42905
http://www.gendaishorin.co.jp/

デザイン ——— 喜來詩織（エントツ）
イラスト ——— 徳丸ゆう

印刷・製本　㈱シナノパブリッシングプレス
乱丁・落丁本はお取り替えいたします。
定価はカバーに表示してあります。

ISBN978-4-7745-1902-9 C0034